邓广铭宋史人物书系

韩世忠年谱

邓广铭 著

生活·讀書·新知 三联书店

Copyright © 2017 by SDX Joint Publishing Company.
All Rights Reserved.

本作品版权由生活·读书·新知三联书店所有。
未经许可，不得翻印。

图书在版编目（CIP）数据

韩世忠年谱／邓广铭著．—北京：生活·读书·新知三联书店，2017.3 （2024.4 重印）
（邓广铭宋史人物书系）
ISBN 978-7-108-05887-4

Ⅰ．①韩…　Ⅱ．①邓…　Ⅲ．①韩世忠（1089—1151）－年谱　Ⅳ．① K825.2

中国版本图书馆 CIP 数据核字（2017）第 013723 号

特邀编辑	孙晓林
责任编辑	冯金红
装帧设计	宁成春
责任印制	董　欢
出版发行	生活·讀書·新知 三联书店
	（北京市东城区美术馆东街 22 号 100010）
网　　址	www.sdxjpc.com
经　　销	新华书店
印　　刷	河北鹏润印刷有限公司
版　　次	2017 年 3 月北京第 1 版
	2024 年 4 月北京第 4 次印刷
开　　本	889 毫米 × 1194 毫米　1/32　印张 6
字　　数	144 千字
印　　数	08,001-10,000 册
定　　价	55.00 元

（印装查询：01064002715；邮购查询：01084010542）

1947年作者在老北京大学北楼前

韩世忠(选自《中兴四将图》)

韩世忠手迹《高义帖》

1944年版《韩世忠年谱》封面

目 录

序 例 001

韩世忠年谱 001

附录 墓志碑铭 172

编 后 .... 邓小南 175

序 例

  南宋中兴诸将，举世以韩、刘、张、岳并称，就中忠贞之节，武穆为最；功业之伟，则当推蕲王；刘锜纯谨可称而勋绩稍逊；若张俊则养威避事，附权妒能，较之刘光世虽或稍优，于四人之中要为最下矣。武穆厄于权奸，终且为所锻炼诬陷以死，然自秦桧身死之后，迄其孙珂吁天辨诬，纂成《金佗稡编》之时，不唯枉屈尽已获伸，其经纶志节亦遂炳耀千秋而争光日月；刘锜身后则有章颖等人为之传以布于世，详述其军功政绩，气概行谊；其在张俊，亦且有姜夔慕厥大功，惜其细行小节之罕为人知，矻矻然访问搜采，编为《张循王遗事》一书，以补国史之遗（见楼钥《攻媿集》卷七十一《跋姜尧章所编〈张循王遗事〉》）。然明受之变，慷慨赴义以竟成复辟讨叛之大业者，韩蕲王也；黄天荡与金人相持，终使兀朮仅以身免，金军狼狈遁去者，韩蕲王也；大仪镇重挫金军，建中兴以来之首功者，亦韩蕲王也。则谓南宋立国之基均为蕲王所手奠未为过也。然而除正史之外竟无一人焉铺叙其性行，网罗其遗事，虽其盛德丰功自足不朽，本无所藉赖乎此，而视彼三人终为寂寞，此则道古者之所常致憾而本谱之所由作也。撰述凡例，略志如下：

  一、本谱以辑本《宋会要稿》，徐梦莘《三朝北盟会编》，熊克《中兴小历》，李心传《建炎以来系年要录》，杜大珪《名臣碑传琬琰集》，李幼武《名臣言行录》，及《宋朝南渡十将传》、《宋史》等书为主要取材之所。《系年要录》博参群书，多所考定，视它书为最详，故本谱取材于其中亦视它书为尤多。方志、笔记、文集中之涉及韩氏事迹者，亦均旁搜博采，期少遗脱。

一、南宋宁宗朝章颖撰次岳飞、刘锜、李显忠、魏胜四人事迹，是为《南渡四将传》，其自序有云："中兴以来，诸大将宣皇威，敌王忾，垂功名于竹帛，纪勋伐于金石，眷遇始终，无遗憾者，独此四臣，或困于逸奸，或抑于妒嫉，……志不获伸，目不瞑于地下。迹其规恢次序，实系当时之强弱，关后世之理乱，使不详记而备载之，则孰知机失于前而患贻于后世哉。"是其书唯以四将为限也。后来刻本乃均益以韩世忠、张俊、虞允文、张子盖、张宗颜、吴玠，而改称《宋朝南渡十将传》，其中唯《吴玠传》极疏略，似是属笔未成之稿，韩世忠、张俊、虞允文、张子盖、张宗颜五传则记叙均详核完赡，取与《宋史》各本传相核，知史传即从此出，疑其本为国史中之正传也。韩传记建炎二年四月与金人战于西京事有云：ّ世忠被矢如棘，力战得免。还汴，诘一军之先退者皆斩左右距。"此与《系年要录》及赵雄所撰《墓碑》中"一军皆斩左右趾以狥"之说全相吻合，《宋史》本传叙此事之文与《十将传》全同，独以"距"为字误，改而为"惧"，遂与事实大相谬戾。本谱唯以《十将传》为据，不复引录史传。

一、凡各书同记一事而情节互有出入者则遍录各书之文，依其事之顺序而比次之，其得失可得而断定者，间亦加以考案。若仅有详略之不同而大体不殊者，则引录最详之一书而它书从略。

一、凡一事与他人之行事有涉，非征引不足以明其原委者，则取征于记载较简之一书，庶梗概可得略见而不至有喧夺之弊。

一、方今士林通病，在束书不观而好纵谈史事。即如创作之文固应与考史之作殊科，然若以"历史剧"或"历史小说"为名者，则终以大致不背于史实为是，乃近今所有涉及韩氏或其夫人梁氏之作品，大都肆臆妄为，不稍考核。抗战以来后方书籍之不易获得当亦造成此现象之主因。编者有鉴于此，故本谱编制，仅将各书资料诠次排比，不复施以修润融贯之力，一以保存各书之真，一以便于参考者之自行择取。所冀刊布之后，时彦如再有作，肯就此而取材焉，则亦庶乎其不悖矣。

一、各书所记地名、人名多参差互出，如绍兴十年八月韩氏部将解元与金人交战之地，或作郯城，或作谭城；金之统帅四太子，或称其汉名作"完颜宗弼"，或用其番名作"兀尤"，而满清更改译为"乌珠"；金穆宗子之为统帅者，或称其汉名作"完颜昌"，其番名译音则或作"挞懒"，或作"挞辣"，而满清更改译为"达赉"。今所引录亦均因仍各书之旧，不为改易。（《系年要录》仅有清代辑印之本）

一、韩氏一生行事，不唯与安攘大计有关，其关系于一代政局者亦至密切，故本谱虽以篇幅关系未能尽量记叙其时之大政施措，而世局隆替亦终可藉以觇见焉。

一、本谱草创于两年前寓居昆明之时，中间作辍无常，迄今春方得完稿于四川南溪之板栗坳，所用书籍均假自国立中央研究院历史语言研究所，谨此志感。其为研究所所无之书均无法获睹，挂漏必多，博雅君子进而教之是幸。

民国三十一年八月二十八日记于重庆南岸之海棠溪

韩世忠年谱

曾祖　则　赠太师、楚国公
曾祖妣　郝氏　封吴国夫人
祖　广　赠太师、秦国公
祖妣　高氏　封冀国夫人
考　庆　赠太师、陈国公
妣　贺氏　封楚国夫人

公姓韩，名世忠，字良臣，延安人。

杜大珪《名臣碑传琬琰集》上编卷十三，赵雄撰《韩忠武王世忠中兴佐命定国元勋之碑》："王讳世忠，字良臣，姓韩氏。韩氏本古列国后，为秦所并，子孙自韩原渡河，散居延安，以国为姓，故王世为延安人。曾祖讳则，居乡以义侠闻。家故饶财，赈贫药病，多所全活。既没，有异人抗（指）其所葬地曰：'代代当生公侯。'后以王贵，赠太师、楚国公。曾祖妣郝氏，吴国夫人。祖讳广，考讳庆，皆赠太师，秦、陈二国公。祖妣高氏，妣贺氏，冀、楚二国夫人。楚国生五大夫子，王其季也。"

风骨伟岸，鸷勇绝人。豪侠尚气，里俗为变。

《忠武王碑》："少长，风骨伟岸，尚气节，能屈西边诸豪。里中恶少年皆俯首不敢出气，则争为之服役。或负责不偿者，王辄为偿，负者后闻，亟持所偿愧谢，里俗为之一变。有冤抑，不以谒郡县而谒诸王，咸得其平，由是名闻关陕。尝过米脂寨姻家会饮，日已夕而关闭，王怒，以臂拉门，关键应手而断，旦视之，其木盖两拱馀。关吏骇服。"

《宋朝南渡十将列传》卷五《韩世忠传》："韩世忠，字良臣，延安人。风骨伟岸，目瞬如电。早年骜勇已绝人，能骑生马驹。家富产业，嗜酒尚气，不可绳检。"

李幼武《名臣言行录别集》卷六《太师韩蕲王世忠传》："世忠家贫无生业，嗜酒豪纵，不拘绳检，人呼为泼韩五。"

日者谓当作三公。

同书："有席三者，算世忠当作三公，世忠以为侮己，痛殴之。后到江南依世忠，赠钱三万缗。"

《十将传》："有日者尝言世忠当作三公，怒其侮己，殴之。"

天质忠勇，纯诚不二。

《十将传论》："忠勇盖出天质，尤纯诚不二。"

《宋史》卷三六四《韩世忠传》："性戆直，勇敢忠义。"

孙觌《鸿庆居士集》卷三六《咸安郡王致仕赠通义郡王韩公墓志铭》："天资拳勇，未尝以一毫到于人。……呜呼，靖康建炎，戎狄内讧，天下多故，公起行间，忠愤感发，奋不顾身，以徇国家之急。"

生长兵间，习知戎事，故虽不谙书史，而能临机制胜，一出意造。

《墓志》："公生长兵间，习知戎事，……临机制胜，一出于意造，故能以少击众。"

费衮《梁谿漫志》卷八《韩蕲王词》条："蕲王长子庄敏公云：'先人生长兵间，不解书，晚年乃稍稍能之耳。'"

智谋勇略，兼而有之。

《忠武王碑》："自起、翦以来，山西出将，尚矣。呼吸雷风，动摇山岳，战胜攻克，卓然以勇略闻者，班班不绝于册书；至于达之以智谋，本之以忠义，如古之所谓名将者，山西盖无几也。秦汉而下可以言智谋忠义如古名将者，若诸葛亮、郭子仪其庶几乎。王本山西之豪，与起、翦相望，而其智谋忠义，有过前修，无不及焉。……"

御军严而有恩，甘苦与共，故能得士死力，且所至秋毫不犯。

李心传《建炎以来系年要录》卷一一四绍兴七年九月辛未载太学生应诏上书论兵事有云："臣闻张俊一军号曰自在军，平居无事，未尝阅习，甚至于白昼杀人而图其财者。惟韩世忠、岳飞两军，人马整肃，其失有伤于太严。"

孙觌《鸿庆居士集》卷三六《咸安郡王致仕赠通义郡王韩公墓志铭》："公御军严而有恩，纪律修明，不以赏罚佐喜怒。藜羹糗饭与众均。士以故乐为用。"

《十将传》："持军严重，与士卒同甘苦。"

《忠武王碑》："城楚州，与士卒同力役，黄天荡之战，杨国在行间亲执桴鼓。家楚州，织薄为屋。将士有临敌怯懦者，王遗以巾帼，设乐大宴会，俾为妇人妆以耻之，其人往往感发自奋，后多得其死力。"

《言行录》："世忠每出军，必戒以秋毫无犯。军之所过，耕夫皆荷锄以观。"

轻财好义，廉洁自持，凡有赐赉，悉分将士。

《忠武王碑》："初，〔王〕渊轻财嗜义，家无宿储，或劝以治生，渊曰：'国家官人以爵，使禄足代其耕也，若切切事锥刀，我何爱爵禄，不为大贾富商耶？'王敬服其言，故握兵三十年，未尝为乾没贸迁之私。上所赐赉，悉分将士，故将士乐为之用。"

《十将传》："嗜义轻财，凡赐赉，悉以分将士。"

每第功请赏，必核其实，不以毫发假人。

《忠武王碑》："虽厚抚将士，千金有所不爱；至一官一级，则靳惜如肌肉。尝谓将佐曰：'为国立功，人臣常分，吾所以使汝辈功浮于赏者，乃所以遗尔子孙也。天日昭昭，爵禄虚受，终必为祸。他日为国爪牙，尤当戒此。'旧制，战胜第赏，必以首级，军人贪得，至杀平人以希赏，王始建议不许以首级计功。然诸帅保奏将士武功左武各有队伍，惟王所部须实有功乃奏，终不以毫发假人。是以淮东一军功最多而崇资者少。"

器仗规画，精绝过人，所创有克敌弓、掠阵斧、狻猊鍪、连锁甲等。

《忠武王碑》："其制兵器，凡今跳涧以习骑，洞贯以习射，狻猊之鍪，连锁之甲，斧之有掠阵，弓之有克敌，皆王遗法，太上以其制下兵部及颁降诸将者是也。"

《十将传》："器仗规画，精绝过人，今之克敌弓、连锁甲、狻猊鍪，及跳涧以习骑，洞贯以习射，皆其遗法也。"

知人善任，偏裨部曲，后多通显。

《十将传》："世忠知人善奖用，成闵、解元、王胜、王权、刘宝、岳超率起行伍，秉将旄，皆旧部曲云。"

《忠武王碑》："偏裨部曲，往往致身通显，节钺相望。"

对家人麾下，均以忠相教。

《忠武王碑》："始，王鼎贵，尝戒麾下及其家人曰：'忠者，臣子不可一日忘，不惟所当常行，抑亦所当常言。吾虽名世忠，汝曹勿得以忠字为讳，若讳而不言，是忘忠也。吾生不取死不飨也。'"

事关宗社，必涕泣尽言。

《忠武王碑》："性不喜便佞，事关庙社，必佝偻玉陛上，流涕极言之。虽不加文饰，而诚意真切，理致详尽，人主知其出于忠实，不以为忤也。"

秦桧擅国，屈己和戎，举朝畏威，务为朋附，公独力排和议，始终不渝。

《忠武王碑》："于时举朝惮桧权力，皆附丽为自全计。独王于班列一揖之外不复与亲。每建大议谠言，家人危惧，或乘间劝止，王曰：'今明知其误国，乃畏祸苟同，异时瞑目，岂可于太祖官家殿下吃铁棒耶？'言虽质而旨深，士君子至今传之。……臣雄尝待罪太史氏，获睹《日历》所纪太上皇帝圣语甚详，最后论战论和，章数十上，皆算无遗策。盖所谓定大事，决大疑，忠义禀于天资，智谋出于人表。"

《十将传》："及抵排和议，触桧尤多，或劝止之，世忠曰：'今畏祸苟同，异时瞑目，岂可受铁杖于太祖殿下！'时一二大将皆曲狥桧苟全，世忠与桧同在政地，一揖之外未尝与之交谈也。"

洎罢枢政，优游自适，口不言兵，杜门谢客，若未尝有权位者。

《忠武王碑》："晚以公王奉朝请，尤能以道卷舒，绝口不言功名。盖自罢政居都城，高卧十年，杖屦幅巾，放意林泉壶觞间，若未尝有权位者。而偏裨部曲……岁时造门，类皆谢遣。"

徐梦莘《三朝北盟会编》卷二百六："（绍兴十一年十二月）二十八日，……臣僚累言韩世忠之罪，上留章不出，世忠亦忌秦桧阴谋而请罢，遂以太傅为醴泉观使。世忠杜门谢客，绝口不言兵，不发亲戚平交书，平时将佐部曲，皆莫见其面。"

《十将传》："然解兵罢政，卧家凡十年，澹然自如，若未尝有权位者。"又论云："释兵辞位，谦和自守，优游湖山，以终天年，其蕴藉有足称焉。"

爱好佛法，自号清凉居士。

《忠武王碑》："而王终日澹然，独好浮图法，自号清凉居士。故虽权臣孔炽，王最为所忌嫉，而能雍容始终，盖诗所谓明哲保身者。"

《十将传》："晚喜释老，自号清凉居士。"

然而夷狄惮其威名，群伦想望风采，幽闺妇女亦且以公之安否占天下事焉。

《忠武王碑》："群工列辟，想望风采而不可见，则相约于朝班望王眉宇而慰喜焉。至于外夷远人，幽闺妇女，皆知有所谓韩郡王者，岁时辄相从诇王年几安否以为天下重轻云。"

《墓志》："威名凛然，天下想见其风采。太母行殿归次国门，将相大臣班迎道上，太母坐帷中，顾左右曰：'韩某孰是？房中皆知其名。'既而嘉叹久之。间遇朝谒，传呼道涂，老幼夹路，倚春释担，聚观太息。"

娶白氏、梁氏、茚氏、周氏。

《忠武王碑》："娶白氏，秦国夫人。梁氏，杨国夫人。茚氏，魏国夫人。周氏，蕲国夫人。"

《墓志》："公元配秦国夫人梁氏，今配魏国夫人茚氏。"

案：韩氏先后凡四娶，皆封国夫人。《墓志》但载梁、茚二氏，且谓梁氏为秦国夫人，均非是，亦或"秦国夫人"下原尚有"白氏"二字,"梁氏"上原尚有"杨国夫人"四字而为传写脱漏也。

子四人:彦直、彦朴、彦质、彦古。
《墓志》:"四男子:彦直,左朝请大夫、行光禄寺丞、兼权尚书屯田员外郎。彦朴,右奉议郎、直显谟阁。彦质,右奉议郎、直徽猷阁。彦古,右通直郎、直徽猷阁、充两浙西路安抚司主管机宜文字。"

《忠武王碑》:"子男四人:长曰彦直,尝任户部尚书,今为太中大夫,延水县开国伯,食邑八百户。次曰彦朴,奉议郎、直显谟阁,蚤世。次曰彦质,朝奉大夫、直徽猷阁,知黄州。次曰彦古,起复朝奉大夫、充敷文阁待制、知平江府兼节制水军,今家居终蕲国之制。"

《十将传》:"子四人:彦直、彦质、彦古、彦明,皆以才见用,彦古至户部尚书。"

案:四子之名及其长幼之序,均以碑志所载为是,《十将传》以彦朴作彦明,且列作最幼,误也。(《宋史》仅载彦直、彦质、彦古三人,亦非是。)

彦朴为茆出,彦古为周出,彦直、彦质疑皆梁出。
徐松辑《宋会要稿》群臣士庶家庙门载:"(淳熙)五年九月二日,故韩世忠妻秦国太夫人茆氏状:'恭睹圣旨,将妾所居前洋街宅第赐幼男彦古充家庙。重念妾衰老疾病之身,见同亡男彦朴孤遗几百口将无栖止之地……'"(礼卷十二之五)

范成大《吴郡志》卷十一《牧守题名》:"韩彦古,朝奉大夫、秘阁修撰。淳熙元年七月到,当年九月二十六日丁母蕲国夫人周氏忧,解官持服。"

案:据上引两条,彦朴为茆出,彦古为周出,盖无可疑。彦直、彦质为何氏所出，各书均不见载，然孙觌应彦直等之请，撰韩氏墓志，而仅载梁、周两夫人，不及元配白氏，则白氏盖无所出，因疑其俱为梁出也。

女八人，适曹霈等。

《墓志》："八女：右朝散郎、通判饶州曹霈，左迪功郎、充广安军教授冯用休，左迪功郎、充详定一司敕令所删定官王万修，左迪功郎、新授福州怀安县主簿刘苜，左迪功郎、新授婺州东阳县尉胡南逢，右承事郎、充秘阁修撰张子仁，其婿也。二人奉道为黄冠。"

《忠武王碑》："女八人：长适故朝散郎、通判饶州曹霈，次适宣教郎冯用休，次适宣教郎、知宣州宁国县王万脩，次适从政郎刘苜，次适宣教郎、宗正寺主簿胡南逢，次适承议郎、充集英殿修撰、主管佑神观张子仁。二人为黄冠。"

孙男若干人。

《墓志》："孙男四人：梃，右宣议郎、直秘阁。杙，右宣议郎、直秘阁。格，右承事郎。栩，右承奉郎。"

《忠武王碑》："孙男十七人：曰梃，奉议郎、太社令。曰杙，奉议郎、直秘阁，曰格，宣教郎。曰枢，承务郎。曰松，通仕郎。曰相，承事郎。曰椿，承务郎。曰楷，承奉郎。曰林，将仕郎。曰森、曰休、曰楫、曰杰、曰本、曰梓、曰樟。"

案：孙觌撰墓志在绍兴末，赵雄撰碑在淳熙三年，故碑中所举孙男之数较墓志增益十数人，然恐后来亦仍有所增益，未必即以十七人为限，故仅曰"若干人"。

孙女若干人。

《忠武王碑》："孙女八人：一适将仕郎王大昌，馀未行。"

● **宋哲宗照元祐四年己巳（1089） 辽道宗大安五年**

十二月二十三日，公生于陕西之延安。

《北盟会编》卷二百四："世忠以十二月二十三日诞生。"

《忠武王碑》："始震之夕，有光芒出屋间，乡邻以为火，各具缏缶驰救，至则闻王生，皆异焉。"

襁褓中，每流瞬则目光如电。

《忠武王碑》："就襁褓，辄流瞬，瞬则目光如电，楚国浐惊而心奇之。"

或谓是蛇精转生。

《言行录》："世忠既贵，与将吏骑马出郊，喜坐于浅草间。世忠语急而声厉，每言则吐舌，或谓是蛇精。"

● **宋徽宗佶崇宁四年　辽天祚帝　　十七岁**
　　乙酉（1105）　　乾统五年

公应募乡州为"敢勇"。从讨西夏于银州，有功，补一资。威名震西边。

《忠武王碑》："年未冠，以敢勇应募乡州。挽强弓一百斤。尝乘悍马，手舞铁槊，奔驰二郎山峭壁间，观者胆裂，同列无一人敢继者。军府校艺，独用铁胎弓，所向虽金石皆洞贯。其骑射绝人类此。时崇宁四年也。属西方多事，王每闻边徼至，辄上马，或不俟鞍而奋。喜与交游痛饮，资用通有无。或不持一钱相从，诣酒肆贳酒，期于战获馘级以偿。王出必多获，由是同列皆饶给。银州之役，将从党万以行，父母素钟爱，不许。王固请于陈公曰：'大丈夫当建功业，取公侯，岂宜龊龊自守。'陈公奇其志，乃听去。军甫至而城闭，王直排扉入，斩主将，掷首陴外，三军乘之，大克。继而夏人以重兵来寇，次蒿平岭，王与党万悉精锐鏖战，贼解去，而突骑忽出，间道捣我营，将士惊愕，王独部敢死士殊死斗，贼少却。王为殿，见一骑士甚武，挥枪而前，王问俘者为谁，曰：'十军监军驸马郎君兀嗖也。'王跃马从之，斩其首，贼遂大溃。由是西边益服王威名。经略司图上其事，且乞优赏，会童贯专制边事，疑敢勇皆势家子，有所增饰，止许补一资。众哗不平，而王恬不芥蒂，当时识者知王器量宏远矣。"

《十将传》："年十八，以敢勇应募乡州，隶赤籍，挽强驰射，勇冠三军。崇宁四年，西夏骚动，郡调兵捍御，世忠在遣中。至银州，夏人婴城自固，世忠斩关杀虏将，掷首陴外，诸军乘之，贼大败。既而以重兵次高平岭，世忠以精锐鏖战，解退，俄复出间道，世忠独部敢死士殊死斗，贼少却，顾一骑士锐甚，问俘者，知为监军驸马兀嗖也，跃马斩之，贼众大溃。经略司上其功，乞优赏，童贯董边事，疑有所增饰，仅补一资，众弗平。"

案：崇宁四年韩氏年十七，《传》云"十八"，误也。

孙觌《鸿庆居士集》卷三十六《咸安郡王致仕赠通义郡王韩公墓志铭》："公讳世忠，字良臣，绥德人。年十八，始隶延安府兵籍，慓悍过绝人，不用鞭箠，骑生马驹，挽强驰射，勇冠军中。家贫，无生产业，嗜酒，豪纵不治绳检。间从人贳贷，累券千数，遇出战则跃一马先登，捕首虏驰还，得金币偿之，率以为常。尝从统制官党万战银州，方解鞍顿舍，而贼骑出间道，直捣其营，万狂顾不知所为，公袒裼，持一戈，率其徒战却之。万兵来援，殿而还。又尝遥见一酋，金甲朱旗，护兵，意得甚，公驰一骑刺杀之，后谍知为贵将驸马郎君兀谗者。大帅张深表其功状上之朝，而宣抚使童贯怒不先己，黜其功不录。"

同书卷三十五《陈豫神道碑》："……签书彰武军节度判官，覃恩转奉议郎，转承议郎，经略司干当公事，秩满，再除提举本路籴买，就迁提举弓箭手。……公善知人，明于任使，尝言'御将士当使过，勿拘以文法，然后可使蹈白刃赴水火而不辞'。……韩公世忠少年喜斗，数犯法，当伏诛，公顾谓帅曰：'世忠骁悍不畏死，寇至，盍令当前斩捕自赎，而杀壮士乎？'帅从之，始隶兵籍。每战先登，枭贵将之首以献，遂知名。建炎南渡，提孤军戡大憝，手擒二叛，威震夷狄，册封咸安郡王，时人方之狄襄公。……政和七年五月甲子卒。……四男子，曰杭、曰模、曰桴、曰桷，……桷右朝议大夫，充敷文阁待制。……"

● 崇宁五年丙戌（1106） 辽乾统六年 十八岁

● 徽宗大观元年丁亥（1107） 辽乾统七年 十九岁

● 大观二年戊子（1108） 辽乾统八年 二十岁

无名氏撰《东南纪闻》："韩蕲王微时，贫困无聊，疥癞满体，臭腐不可近，其妻孥亦恶之。夏日浴于溪间，忽一巨蟒直前将啮之，韩窘急，以两手握其首颔间，蟒以尾绕其身，韩不得已，握持还家，欲呼妻孥刺杀之，皆骇遁不敢近前，韩愈窘，入厨见切菜刀，偶仰置几上，遂持蟒首就上极力按之，来去如引锯，卒断其首。既免，不胜忿，置之镬，煮而啖之。明日所病疥癞即脱去，肌体莹白如玉。"

  案：《东南纪闻》为元人书，上举之真确性如何亦殊难知，姑附录于此。

- 大观三年己丑（1109） 辽乾统九年 二十一岁

- 大观四年庚寅（1110） 辽乾统十年 二十二岁

- 徽宗政和元年辛卯（1111） 辽天庆元年 二十三岁

- 政和七年丁酉（1117） 辽天庆七年 金太祖天辅元年 二十九岁

- 徽宗重和元年戊戌（1118） 辽天庆八年 金天辅二年 三十岁

- 徽宗宣和元年己亥（1119） 辽天庆九年 金天辅三年 三十一岁

《朱子语类》卷一三二《中兴至今人物》："韩世忠作小官时，一城被围，郡将无计，世忠令募敢死士，得二百人。世忠云：'不消多。'只择得精者八十人，令人持一斧。世忠问云：'其间岂无能为盗者？'遂令往偷了鼓槌，却略将石头去惊他门，他必往报中军，便随入，见有红帐者便斫，俟彼人集，便出来，恐有马军来赶，便与相杀。城上皆喊云马军进。如是果退围。"

- 宣和二年庚子（1120） 辽天庆十年 金天辅四年 三十二岁

十一月，方腊反，公从王禀往讨。

《宋会要稿》讨叛门三"方腊"："徽宗宣和二年十一月，睦州青溪县妖贼方腊据帮源洞，僭号改元，妄称妖幻，招聚凶党，分道剽劫，本路将蔡遵、颜坦以兵五千死之，势愈猖獗。……二十一日，诏童贯为江淮荆浙等路宣抚使，谭稹为制置使，王禀为统制，将兵讨之。"（兵一〇之一六）

《忠武王碑》："会妖人方腊起桐庐，自号圣公，杀掠吏民，自浙河东西至于江南，流毒盖千余里。南方素无兵备，诏调西师讨之，王部敢勇五十人随王禀以往。"

《墓志铭》："宣和初，妖人方腊起青溪，不旬朝，众数万，破衢、婺、杭、睦、歙五州，江淮大震，徽宗诏诸将发兵捕诛，时公隶统制官王禀。……"

● 宣和三年辛丑（1121）　辽保大元年　金天辅五年　三十三岁

公随王禀军至杭州，与别将王渊相遇，说以智胜之术，并以所部破贼众于杭州北关堰桥，遂与渊定交。

《会要》讨叛门三"方腊"："（宣和）三年正月十一日，诏贯、禀先据润州。……时王禀已守扬子江口，刘镇守金陵，童贯次镇江，贼已陷崇德县，方围秀州。二十八日，王禀、辛兴宗、杨惟忠夹击之，秀州平。禀乘胜至钱塘。二月，……十八日，王禀统中军，辛兴宗统前军，杨惟忠、何灌统后军，自江涨桥与贼接战，屡捷，克复杭州。"（兵一〇之一七）

《忠武王碑》："遇别将王渊于杭之北关堰桥，会大潦，道不通，贼掩至，渊惶怖，不知所出。王造渊说曰：'今贼据险争利，我不以智胜而以力拒可乎？'渊怒曰：'何人敢尔？'王益辩论不少屈，渊曰：'汝虽能言，愿闻必胜之说。'王为调（？）一二，且请以所部邀击，渊命取军令状以去。明日会战，贼势张甚，王选敢勇二十余人伏堰桥傍，须臾伏发，贼众大乱，王追至渊舟前，斩首数级,师遂大克。渊乃叹服曰:'真万人敌!'尽以所随白金器赏焉。与渊定交自此始。至今杭人呼堰桥为得胜桥云。"

《十将传》:"宣和二年,方腊反,江浙震动,诏调兵四方,世忠以偏将从王渊讨之,至杭州,贼掩至,势张甚,大将惶怖无策,世忠请以二千兵伏北关堰〔桥〕,贼过伏发,众蹂乱,世忠追击之,乃遁。王渊叹曰:'真万人敌也!'尽以所随白金器赏之,且与定交。"

《墓志铭》:"行次浙河,别将王渊驻兵在焉,公扣马而进,曰:'公领骑兵,而战非其地,奈何?'渊矍然问曰:'汝为谁?'答曰:'韩世忠也。'渊善其言,移屯据便地。翌日,纵骑搏贼,公率所部突其旁,贼惊奔,追杀无噍类,渊喜甚,饮公酒,悉举饮器授之。会禀卒,遂从渊不去。方腊授首,例补承节郎。"

案:王禀于靖康元年九月丙寅死于金人围攻太原之役,《宋史·钦宗纪》及《续通鉴长编纪事本末·金寇》所载均同,《墓志》谓禀卒于方腊授首之前,误也。韩氏之隶王渊亦不在此时。

诏能得腊首者授两镇节钺。四月二十六日,公越险入贼巢,缚伪八大王,并擒腊以出。功为辛兴宗所攘,故公未受上赏,但超转承节郎。

《会要》讨叛门四:"四月……十九日,王禀复青溪县。二十三日,姚平仲复浦江县。初,王禀、刘镇两路军预约会于睦、歙间,包围帮源洞,表里夹攻。至是,刘镇、杨可世、王涣、马公直率劲兵从间道夺贼门岭。二十四日平旦入洞,纵火为号,王禀、辛兴宗、杨惟忠、黄迪望燎烟而进,与刘镇合兵,贼腹背受敌,凡斩获万馀级。二十六日,生擒腊于东北隅石涧中,并其妻孥、兄弟、伪将相等三十九人。其馀党散据,皆以次平荡。"(兵一〇之一八)

《忠武王碑》:"时天下忘战日久,盗起仓卒,天子宵旰南顾,诏能得渠魁者授两镇节钺,王单骑穷追至睦之清溪洞,贼根据岩屋为三窟,诸将继至,莫知所从入,王潜行溪谷间,问野妇得其洞口,即挺身仗戈而前,榛棘嵚崎,越险数里,捣其巢穴,缚伪八大王,格杀数人,腊遂就擒,并俘以出。辛兴宗后至,领兵截洞口,掠王俘以为己功,故王不受上赏。别帅杨惟忠还阙,少伸其事,但超转承节郎。"

《十将传》:"时有诏,能得腊首者授两镇节钺,世忠穷追至睦州清溪洞,贼探据岩崖为三窟,诸将追至,莫知所从入,世忠潜行溪谷,问野妇,得径,即挺身仗戈直前,渡险数里,捣其穴,格杀数十人,擒腊以出,辛兴宗领兵截洞口,掠其俘以为功,故赏不及世忠,别帅杨惟忠还阙直其事,转武节郎。"

案:《十将传》上段亦系于宣和二年内,于"转武节郎"句下方出"三年"云云,查方腊之平在宣和三年四月,各书及《宋史·徽宗纪》所载皆同,今参照附隶于此。

纳京口娼梁氏为室,或在本年。

罗大经《鹤林玉露》丙编卷二:"韩蕲王之夫人,京口娼也。尝五更入府伺候贺朔,忽于庙柱下见一虎蹲卧,鼻息齁齁然,惊骇,急走出,不敢言。已而人至者众,复往视之,乃一卒也,因蹴之起,问其姓名为韩世忠,心异之,密告其母,谓此卒定非凡人,乃邀至其家,具酒食,卜夜尽欢,深相结纳,资以金帛,约为夫妇。蕲王后立殊功,为中兴名将,遂封两国夫人。"

《山阳县志》卷十六《列女》:"韩世忠妻梁氏,北辰坊人,初,江淮兵乱,流落为京口娼家女,五更入府贺令节(案:以下与《鹤林玉露》同)。……祔葬苏州灵岩山下。"

钱谦益《初学集》卷四四《韩蕲王墓碑记》:"宋蕲国忠武王韩世忠墓,在吴县灵岩山下。……罗大经《鹤林玉露》云:'蕲王之夫人,京口娼也。……'《碑》云:'杨国家楚州,织薄为屋。'

盖杨国家本楚州，寓京口也。……蕲王起银州，积功转进武副尉。宣和二年调西师讨方腊，部敢勇五十人随王禀以往，遇杨国于京口当在此时。王为神将，非小卒也。……杨国起家北里，慷慨择配，识英雄袜韦之中，遂能定国难，奏肤公，丰碑青史，于今为烈，岂不伟哉。"

  案：韩梁姻缘，自来艳传，而其事之见于记载则以《鹤林玉露》为始，于事在何年并未言及，实亦有欠详尽，今姑依钱氏之说而附其事于此。世传梁氏名红玉，各书则均不之及，当为后人所傅益也。

● 宣和四年壬寅（1122）　辽保大二年　金天辅六年　三十四岁

宋金夹攻辽于燕，宋师溃败，公于滹沱河岸追斩辽人甚众。

《忠武王碑》："朝廷议复燕山，调诸军以行，至则皆溃。王往见刘延庆，抵滹沱河，独与苏格等五骑俱，逢虏骑二千馀，从者失色，王遣五骑列于高冈，戒勿动，值燕山溃卒来会，然皆重伤者，王即命舣舟河岸，约曰：'虏奔，即鼓噪助声势。'王乃独跃马薄贼，回折自如，虏疑之，分为二队，据坡以视，王出其不意，突刺二执旗者，因纵击，格等五骑应于后，舟中溃卒亦鼓噪如约，虏疑我伏发，遂大溃，追斩甚众。"

《十将传》："三年，议复燕山，调诸军至则皆溃，世忠往见刘延庆，与苏格等五十骑俱，抵滹沱河，逢虏骑二千馀，格失错，世忠雍容令格等列高冈，戒勿动。属燕山溃卒舟集，即令舣河岸，约鼓噪助声势。世忠跃马薄贼，回旋如飞，虏分二队，据高阜，世忠出其不意，突其执旗者，因奋击，格等夹攻之，舟卒悉如约鼓噪，虏大乱，追斩甚众。"

- 宣和五年癸卯（1123） 辽保大三年 金太宗天会元年 三十五岁

- 宣和六年甲辰（1124） 辽保大四年 金天会二年 三十六岁

- 宣和七年乙巳（1125） 金天会三年 三十七岁

从王渊、梁方平讨捕山东、河北盗贼。

《忠武王碑》："是时山东、河北盗贼蜂起，王从王渊讨捕，所在椎锋于大名境中，杀水贼几尽，又破汤村强盗，累立奇功。转秉义郎。以偏将从梁方平经略东事，贼杨天王、透手滑聚众数千寇尉氏，一战擒其渠帅，馀党悉平。临沂贼武胡众数万，战于韩王店，又平之。沂州贼徐进众五万，而官军不满五千，王止以衙兵五十馀薄贼，诛馘悉尽，又青社贼张先，水鼓山贼刘大郎，望仙山贼高托山，集路山贼贾进，莒贼徐大郎，众皆不下万人，大者或跨州兼邑，王每身先诸将，次第擒灭。又杀获东海贼张夔等，由济南振旅而归。于是山东诸盗悉平。转武节郎。"

《十将传》："时山东、河北盗贼蜂起，世忠从王渊、梁方平讨捕擒戮殆尽。积功转武节郎。"

《墓志铭》："河朔、山东群盗蜂起，大者攻犯城邑，小者延蔓岩谷，多者万计，少者千百为聚。魏博则有杨天王之流，青、徐、沂、密如高托山等至不可胜数。公方从王渊招捕于两河之间，而捉杀制置使梁方平又请公自副，除山东之盗。公皆次第讨平之。以功累迁武节大夫。"

《言行录》："世忠方从梁方平之为将也，破郓城贼于龀河，又破大名贼于超化寺，又破内黄贼于沂州，又破徐靖于莒县，又破张仙于擂鼓山。勇冠三军。"

宋钦宗桓靖康元年丙午（1126） 金天会四年 三十八岁

从梁方平屯浚州，金人压境，方平遁，正月初二日戊辰，浚州破，公突重围还京师。召对便殿，转武节大夫。

《宋史·钦宗纪》："靖康元年春正月（丁卯朔），金人破相州。戊辰，破浚州，威武军节度使梁方平师溃。"

《忠武王碑》："钦宗即位之初，王方从梁方平防河浚州，金人大军已压浚境，方平漫不顾，以为他盗，王说曰：'今之来者金虏耳，愿公速整行阵为护河计。河一失守，宗社阽危，公可忽乎？'王忠愤由中，词气激烈，方平怒，俾王以三十骑当敌，名曰'硬探'，实欲致王死地。王遇敌辄战，以实归报，方平犹以为红巾贼，不设备。及虏进迫屯子桥，则方平脱身遁矣。王师既失主帅，数万之众皆溃，虏骑大至，陷数十重围中，意气弥壮，挺枪奋跃而前，所向披靡，虏叹异少却，即溃围出，殿诸军，焚桥而归。至京师，钦宗闻王勇冠军，召对便殿，且询方平失律之状，王条奏甚悉。转武节大夫。"

《十将传》："钦宗即位，从梁方平屯浚州，金人压境，方平备不严，虏迫而遁，王师数万皆溃，世忠陷重围中，挥戈怒战，突围出，焚桥而还。帝闻，召对便殿，询方平失律状，条奏甚悉。转武节大夫。"

诏召诸道勤王兵，公领所部入卫，隶亲征行营使李纲麾下。

《宋史·钦宗纪》："正月，壬申。金人渡河，遣使督诸道兵入援。"

《忠武王碑》："俄召诸路勤王兵入卫，王隶京城四壁为统领。"

《十将传》:"诏召诸路勤王兵,领所部入卫。"

李纲《梁谿全集》卷二十八《以旧赐战袍等赠韩少师》二首,序云:"某靖康丙午春以尚书右丞充亲征行营使,时少师韩公实隶麾下,每嘉其有忠勇迈往之气。"

金师退,王渊为河北总管,辟公为先锋统制。

《忠武王碑》:"属虏人许割三镇而还。王渊为河北总管,辟王为先锋统制。"

《十将传》:"会虏兵退,河北总管司辟选锋军统制。"

胜捷军统制张师正以兵败被斩,所部为乱,公率所部讨平之。

《忠武王碑》:"有胜捷军统制张师正者,战败,转徙大名,留守宣抚使李纲斩之以徇。师正所部本童贯牙兵。初,贯创胜捷军,极诸军之选,每禁军一指挥,所选止一二人或四三人,皆人物魁梧、武骑超绝者,才得五千馀人,后隶师正。师正死,此军怀反侧,遂相约为乱,鼓行而东,劫掠淄、青间,影附胁从者四五万,号二十万,所过无复噍类,山东复扰,王以戍将寓大名,雅为纲所器重,遂檄王以所部五百人讨之。至淄河,以军分为四队,布铁蒺藜塞归路,令曰:'前则有功,退则死,有怯走者许后队杀以为功。'于是士皆效死,莫敢回顾。至夜半,纵兵袭贼砦,贼既惊扰,旦而接战,大破之,斩其魁李复,馀悉奔溃,王穷追不已,贼伏溃卒数千,出我不意,王不及介胄,上马趋之,矢石雨下,臂指吻鼻中四镞,王怒,折箭披弓,拔刃径前,杀为首者六人,贼众又奔,追至宿迁,其众尚万馀,谓已远,王不能及,方拥所掠子女椎牛纵酒,王单骑疾驰,夜造其营,呼曰:'大军来矣,速束戈卷甲,吾能保全汝等以共功名。'贼自淄河破胆,皆跽请命曰:'愿吾父贷死。'因进牛炙斗酒,王下马饮啖辄尽,众莫敢动,悉束手降。黎明,见王所部止此,始悔之,而业已解甲,莫不相顾失色。

迁左武大夫、果州团练使。将所降朝京师。钦宗再锡对,慰奖甚渥。赐衣甲枪牌。除正任单州团练使。就命将所部屯溹沱河。"

《十将传》:"时胜捷军张师正战败,宣抚副使李弥大斩之,大校李复鼓众以乱,淄青之附者合数万人,山东复扰,弥大檄世忠将所部追击,至临淄河,兵不满千,分为四队,布铁蒺藜自塞归路,令曰:'进则胜,退则死,走者许后人剿杀。'于是士莫敢返顾,皆尽力死战,大破之,斩复,馀悉奔溃,乘胜逐北,追至宿迁,贼尚万众,方拥子女椎牛纵酒,世忠单骑夜造其营,呼曰:'大军至矣,亟束戈卷甲,吾能保全汝,共功名。'贼骇慄请命,因跪进牛酒,世忠下马解鞍饮啖之,贼众于是悉就降。黎明,见世忠军至,始大悔失色。以功迁武功大夫、果州团练使。诏入朝,赐衣甲枪牌。授正任单州团练使。屯溹沱河。"

《墓志铭》:"靖康末,金人围太原,枢密使会诸道兵赴援,而张师正统胜捷一军,号精锐,尚书李弥大素不知兵,欲诛一二裨佐立威以强军政,会太原不守,师正遁归,弥大斩以徇,众反侧汹汹,又不时抚定,一夕溃去,所过焚掠,官军莫能抗,渊圣皇帝诏公讨捕,公晨夜兼驰,至宿迁,单骑扣其营,大言曰:'我辈山西良家子,好勇尚气,岂肯作贼,此李公缪妄,使若等求活于草间耳。'众素伏公勇,相视慨然投戈免胄,请从公自归,公杖马箠护之而还。渊圣召见嘉奖,面赐袍带,正授单州团练使。"

宋高宗构建炎元年 丁未(1127)　　金天会五年　三十九岁

任嘉州防御使,前军统制。金人犯南京应天府,领所部击破之。

李心传《建炎以来系年要录》卷四建炎元年四月戊寅记事有云:"直龙图阁东道副总管、权应天府朱胜非至济州。胜非,邦昌友婿也，械系邦昌使者，以兵来卫。先是，金人分兵犯应天府，胜非惶惧，易衣逃匿，民间皇皇。会宣总司前军统制、嘉州防御使韩世忠，将官杨进引所部击破之，胜非始出视事，民心稍安。"

《忠武王碑》："太上皇帝时以天下兵马大元帅驻济阳，王领所部劝进，复自济阳次南京，虏纵兵逼城，人心恟惧，王据西王台力战，虏稍却，翌日再至，而酋帅白马三郎以众数万薄城，王时所将近千人，与贼遇，即单骑突之，斩酋帅以还，部兵乘胜鏖斗，虏众遂溃。南京围解，郡守帅父老迎谒，居民炷香夹道，多感涕者。于是还诣济阳劝进，遂扈跸如南京。"

五月庚寅朔，高宗即天子位于南京。授光州观察使，带御器械。

《要录》卷五："建炎元年五月庚寅朔，兵马大元帅康王即皇帝位于南京，改元建炎。"

《忠武王碑》："太上即位，授光州观察使，带御器械。王请移跸长安，下兵收两河，朝议不从。"

始制御营司，任左军统制。

《要录》卷五："（五月）丁酉，中书侍郎黄潜善兼御营使，同知枢密院事汪伯彦兼御营副使。自国初以来，殿前、侍卫马步司三衙禁旅，合十余万人，高俅得用，军政遂弛。靖康末，卫士仅三万人，及城破，所存无几。至是，殿前司以殿班指挥使左言权领，而侍卫二司犹在东京。禁卫寡弱，诸将杨惟忠、王渊、韩世忠以河北兵，刘光世以陕西兵，张俊、苗傅等以帅府及降盗兵，皆在行朝，不相统一，于是始制御营司以总齐军中之政，今因其所部为五军，以真定府路马步军副总管王渊为使司都统制，诸将韩世忠、张俊、苗傅等并为统制官。又命鄜延路马步军副总管刘光世提举使司一行事务。潜善、伯彦别置亲兵各千人，优其廪赐，议者非之。"

《忠武王碑》:"始建御营,以王为左军统制。"

李纲除右仆射,赴行在,过睢阳,公率部远迎于郊。

《梁谿全集》卷二十八《以旧赐战袍等赠韩少师》二首序云:"某靖康丙午春以尚书右丞充亲征行营使,时少师韩公实隶麾下,每嘉其有忠勇迈往之气。建炎丁未夏,蒙恩诏除右仆射,赴行在所,少师迓于睢阳远郊,戈甲旌旗,辉映道左。……"

案:据李纲《建炎进退志》及《系年要录》,纲盖以六月一日至行在,其过睢阳则当在五月末。因次于此。

秋七月,受诏讨单州鱼台贼,平之。

《建炎进退志》下之上:"是时四方溃兵为盗,如祝靖、薛广、党忠、阎瑾、王在之徒,皆招安赴行在,凡十馀万人。……独淮南剧贼杜用,山东李昱、丁顺、杨进皆拥众数万不可招,而拱州之黎驿,单州之鱼台,皆有溃兵数千人作过。余奏上曰:'方今朝廷外有大敌,而盗贼乘间窃发,扰吾郡县,其势不先靖内寇则无以御外侮,盗贼虽主于招安,然不震耀威武使知所惧,则彼无所忌惮,势难遽平,宜分遣兵将,讨殄数处,则馀者自服。'上以为然,乃命御营司都统制王渊率师讨杜用,都巡检刘光世讨拱州叛兵,统制官乔仲福讨李昱,韩世忠讨鱼台贼,不旬月间皆破之,斩杜用、李昱,获甲马宝货不赀,馀悉平殄。丁顺、杨进乃就招抚司招安过河。"

《要录》卷七:"建炎元年秋七月庚寅,命御营使司都统制王渊讨军贼杜用,都巡检使刘光世讨李昱,御营使司左军统制韩世忠、前军统制张俊,分讨鱼台、黎驿叛兵。自宣和末,群盗蜂起,其后勤王之兵,往往溃而为盗。至是,祝靖、薛广、党忠、阎瑾、王存之徒,皆招安赴行在,凡十馀万人。李纲为上言:'今日盗贼,正当因其力而用之,如铜马、绿林、黄巾之比。然不移其部曲则易叛,而徙之则致疑,正当以术制之,使由而不知。'乃命御营司委官分拣,凡溃兵之愿归营,与良农愿归业者,皆听之。所发至数万。又择其老弱者纵之。其他以新法团结,择人为部队将及统制官,而其首领皆命以官,分隶诸将,由是无叛去者。独淮宁之杜用,山东之李昱,河北之丁顺、王善、杨进,皆拥兵数万,不可招。而拱州之黎驿,单州之鱼台,亦有溃卒数千为乱。纲以为专事招安,则彼无所畏惮,势难遽平,乃白遣渊等率所部分往讨之。时李昱犯沂州,守臣某闭门拒守,以官妓十人遗之,昱乃去。至滕县,掠民董氏女,有美色,欲妻之,董氏骂昱而死。昱自费县引兵围长清,光世遣其将乔仲福追击斩之。既而用为渊所杀,馀悉殄平。……既而丁顺等皆赴河北招抚司自效,盗益衰。"

《忠武王碑》:"诏平济州山口贼解大刀、李昱等,所向剿除。"

《十将传》:"是岁,诏讨单州贼鱼台,平之。其初被命也,实与王渊、张俊、刘光世、乔仲福等分任讨贼,受方略于都堂。渊、俊讨陈州叛兵,光世讨黎驿叛兵,仲福讨京东贼李昱,而世忠讨单州贼鱼台。世忠既破鱼台,而黎驿之叛兵亦为世忠击败,皆斩之以献。于是群盗悉平,入备宿卫。而河北贼丁顺、杨进等皆赴招抚司,宗泽收而用之。"

案:韩氏受命讨单州鱼台县溃卒之为乱者,《十将传》谓为"单州贼鱼台",是以鱼台为叛贼首领姓名矣,《宋史》本传因之,均误。

以平贼功,转三官,升定国军承宣使。

《宋会要》(一七八册)"捕贼"下:"高宗建炎元年七月二日,诏差御营使司都统制王渊、统制官张俊讨陈州叛兵杜用,都巡检使刘光世讨黎驿马忠下叛兵,统制官乔仲福讨京东贼李昱,统制官韩世忠讨单州鱼台军贼。仍宣谕宰执召王渊等赴都堂授以方略。

"其后,光世、仲福、世忠尽破李昱、黎驿、鱼台贼众,各斩首以献,王渊、刘光世以功除节度使,张俊、乔仲福、韩世忠各转三官。"(兵门卷一三之一)

《要录》卷八:"建炎元年八月庚申,侍卫亲军马军都虞侯、威武军承宣使、御营使司提举一行事务都巡检使刘光世为奉国军节度使,光州观察使、带御器械、御营使司左军统制韩世忠为定国军承宣使。……并赏平贼之劳也。(世忠、俊迁官,《日历》不载,《会要》云:"以平黎驿、鱼台叛兵各转三官。")"

《十将传》:"建炎二年,升定国军承宣使。"

> 案:韩氏平贼在七月,其以此转官,不应迟至二年。《宋史》亦照录《十将传》文字,均误。参下引《要录》注文。

《忠武王碑》:"升定国军承宣使,依前带御器械。制曰:'解赵城之围,威镇河朔;却胡马之牧,效著睢阳。'皆纪实也。"

十月,高宗幸淮甸,以所部扈驾从行。

《要录》卷九:"九月(戊子朔)己酉,诏:谍报金人欲犯江、浙,可暂驻跸淮甸,捍御稍定,即还京阙,不为久计。"又,同书卷十:"冬十月丁巳朔,上登舟幸淮甸,翌日,发南京。"

《忠武王碑》:"车驾幸维扬,王以所部扈从。"

御营后军中途为乱,坐降观察使。

《朱子大全集》卷九十五《张浚行状》:"驾幸东南,道途仓卒,后军统制韩世忠所部军人掠劫作过,逼逐左正言卢臣中坠水死。公以虽在艰难扰攘中,岂可废法如此,即奏劾世忠擅离军伍,致使师行无纪,士卒散逸为变,乞正其罚。有旨从赎,公重论奏,及乞追捕散逸为变者,上为夺世忠观察使,上下始肃然知有国法。"

《要录》卷十:"十月己卯,上次宝应县,御营后军作乱,孙琦者为之首。左正言卢臣中从驾不及，立船舷叱贼，为所逼，坠水死。上命求臣中所在，得之水中，拱立如故。殿中侍御史张浚以为虽在艰难中，岂可废法，乃劾统制官定国军承宣使韩世忠师行无纪，士卒为变。诏世忠罚金，中书舍人刘珏言无以惩后，浚再上章论，且乞擒捕为变者，乃降世忠观察使。（朱熹《张浚行状》云："浚劾世忠，上为夺世忠观察使。"案：世忠在南京已除承宣使，《行状》恐误。今改作"降"字，庶不牴牾。）上下耸然，始知有国法。"

癸未，高宗至扬州。

《要录》卷十："十月癸未，上至扬州，驻跸州治。"

十一月戊子，张遇率群盗犯池州，刘光世讨之，为所败，复循江上犯。

《要录》卷十："十一月戊子，张遇入池州。遇本真定府马军，聚众为盗，号一窝蜂，自淮西渡江，水陆并进。至是犯池州，守臣朝请郎滕祐弃城走，遇遂入城纵掠，驱强壮以益其军。"

同书同卷："是月，江淮制置使刘光世讨张遇于池州，光世至近郊，行伍不整，或请严为之备，光世曰：'遇乌合之寇，见官军则自溃矣。'命速进兵夺城。将士叩南门，贼望之曰：'官军少，且不整，可破也。'自城西出。时湖水涸为平地，贼越湖，占长堤，绕出官军之背，官军乱，遂败绩。光世遁去，几为贼所执，前军统制官王德救之得免。遇率众循江而上，光世亦整兵追之。"

● **建炎二年戊申（1128） 金天会六年 四十岁**

春正月庚子，张遇陷镇江府。

《要录》卷十二："建炎二年，春正月，庚子，张遇陷镇江府。

初，遇自黄州引兵东下，遂犯江宁。江淮制置使刘光世追击之，遇乃以舟数百绝江而南，将犯京口，既而回泊真州，士民皆溃。翌日，遇自真州攻陷镇江，守臣龙图阁直学士钱伯言弃城去。"

辛亥，张遇、李民二贼首均以众来降，众不解甲，且四出劫掠。公与扬州守吕颐浩亲造其垒，晓以祸福，磔其谋主，并收编其众万人。

《要录》卷十二："辛亥，两浙制置使王渊招贼张遇降之。遇自金山寺进屯扬子桥，众号二万。会渊还行在，自将数百骑入其寨招之，遇见渊器械精明，惶惧迎拜。渊曰：'汝等赖我来晚，故得降，不然，已无遗类矣。'渊奏以遇为阁门宣赞舍人，守臣钱伯言乃得还其府。遇犹纵兵四劫，扈从者危惧，户部侍郎兼知扬州吕颐浩、带御器械御营使司前军统制韩世忠联骑造其垒，晓以逆顺祸福，执其谋主刘彦磔于扬子桥，缚小校二十九人送渊戮之，馀党怖而释甲，得其军万人隶世忠。"

《忠武王碑》："贼有张遇者，号一窠蜂，既破仪真，自金山以众来降，抵城而不解甲，扈从者危惧，王单骑造其垒，晓以逆顺祸福，叱使速降，众遂解甲听命。

"李民拥众十万，亦既来降，比至维扬，复狼顾，整励器械。诏王渊处置，渊以属王，王往谕旨，诛梗议者刘彦，驱李民以出，缚小校二十九人送渊戮之，以民隶王军，分其众属大将张俊等，事遂定。"（《十将传》同）

案：《要录》将李民纳降改编等事均叙次于张遇来降事内，且始终不见李民之名。今以更无它书可供参稽，亦未知与《忠武王碑》所记孰是孰非也。

《言行录》："车驾至维扬，王以所部从。有贼张遇者，号一窝蜂，来降，抵城下不解甲，人心危惧，王独入其垒晓之，悉听命。"

授京西等路捉杀内外盗贼。

《忠武王碑》:"授王京西等路捉杀内外盗贼。"(《十将传》同)

金人再犯河洛,三月,诏公率所部及张遇军赴西京应援。

《要录》卷十四:"建炎二年三月庚子,河南统制官翟进复入西京。先是,金人所命陕西诸路选锋都统贝勒洛索入犯,既得秦州,陇右大震,熙河经略使张深厉军民为守城计,遣兵马都监刘惟辅将三千人骑御之。……惟辅留军熟羊城,以千一百骑夜趋新店。金兵自入陕西,所过城邑辄下,未尝有迎敌者,故恃胜不虞。黎明军进,短兵相接,杀伤大半,会惟辅舞稍刺其先锋将贝勒哈藩堕马死,敌为夺气。深闻洛索退,更檄陇右都护张严往追之。

"时,上命御营左翼军统制韩世忠为京西等路捉杀盗贼,将所部及阁门宣赞舍人张遇军万人赴西京。左副元帅宗维闻张严东出,自河南西入关,迁西京之民于河北,尽焚西京而去。由是进得以其众自山寨复入西京。"

《中兴小历》卷三:"三月乙酉朔,诏遣御营使司左翼军统制韩世忠,领统领官陈思恭,及新招到张遇等一万人赴西京。时金将罗索自长安进攻秦凤,右都护张严击败之。又金将尼楚赫既破邓,遂并掠汝、金、房凡四郡之民以归。左副元帅尼雅满闻世忠将至,而罗索已败,亲援之,乃留左监军悟室与右都监余睹以待世忠。庚子,尼雅满尽焚西京,掠其民而去。"

四月,公至西京,与金人战,败绩。

《要录》卷十五:"四月丙寅,京西北路制置使翟进袭金人于河南,败绩。时御营左翼军统制韩世忠至西京,会进及大名府路都总管司统领官孟世宁,京城都巡检使丁进,与金战,进夜袭左监军完颜希尹营,金兵先知,反为所败。进又导世忠与金战于文家寺,会丁进失期，而统领官阁门宣赞舍人陈思恭以后军先退，王师败。金乘胜追击，至永安后涧，世忠被矢如棘，其将张遇以所部救之，乃力战得免。世忠还东京，诘先退者，一军皆斩左右趾以徇。于是世忠与丁进不合，军士相击无虚日。世忠虑有变，遂收馀兵数千人南归。希尹复入西京。"

《宋史·高宗纪》："夏四月乙丑，翟进以兵袭金帅兀室于河南，兵败，其子亮死之。进又率御营统制韩世忠，京城都巡检使丁进等兵战于文家寺，又败。世忠收馀兵南归，兀室复入西京，寻弃去。"

《忠武王碑》："时虏再犯河洛，王率敢死士战于孝义桥，所杀已数千人，而别将以后军先退，虏众乘我，王身被镞如棘，卒力战以免。后至汴，诘先退，一军皆斩左右趾以徇，威令大振，自是，军不复败矣。"

《十将传》："金人再犯河南，翟进会世忠兵夜袭悟室营，不克，反为所败。会丁进失期，陈思恭先遁，世忠被矢如棘，力战得免。还汴，诘一军之先退者，皆斩左右趾。丁进以此与世忠有隙，寻以叛诛。"

  案：《宋史》本传叙此事之文与《十将传》全同，唯改"诘一军之先退者，皆斩左右距"为"诘一军之先退者皆斩，左右惧"。大误。

五月，金兵渡河，分头出没，攻围虏掠，复诏公与间勃率部攻讨。

《宋史·高宗纪》："五月辛卯，以金兵渡河，遣韩世忠、宗泽等逆战。"

《宋会要》讨叛（三）："建炎二年五月八日，陕西诸路帅臣，东京、北京留守司，京东诸处奏报：金人渡河，分头出没，攻围虏掠。诏韩世忠、间勃各领所部人马去京西攻讨，令东京留守宗泽差

杨进等诸军相为应接。"（兵门卷九之七）

《要录》卷十五："辛卯，陕西、京东诸路及东京、北京留守并奏金人分道渡河，诏遣御营左军统制韩世忠、主管侍卫步军司公事闾勍率所部迎敌。命宗泽遣本司统制官杨进等援之。"又引《靖康小雅》云："建炎二年，有旨遣韩世忠之师屯伊、洛，又令沧帅刘锡密结河阳之人，自青州绝河进兵，命泽总大众自滑州而北，期集于中山府，泽闻命欣跃，赍金银兵械，纤细毕具。行有日矣，而黄潜善、汪伯彦恐泽成功，又以奸计从中止之。泽大愤懑，郁郁久之，疽发背而薨。"

六月，张俊引兵入秀州，杀前秀州守赵叔近，取露台娼周氏以归，御营都统制王渊以遗公。

王明清《挥麈三录》卷二《赵叔近守秀州》："赵叔近者，宗室子。登进士第，有材略。建炎初，为两浙提刑，统兵平钱塘之乱，擢直龙图阁。时大驾驻维扬，以选抡守秀州，治绩甚著。或有言其贪污者，免所居官，拘系于郡，遣朱芾代其任。芾到官未久，颇肆残酷，军民怨愤。有茶酒小卒徐明者，帅其众囚芾，迎叔近复领州事，叔近知事不可遏，登厅呼卒徒安慰而告之曰：'新守暴虐不恤，致汝辈所以为此，我当为汝等守印，请于朝，别差慈祥恺悌之人，来拊此一方。'群卒俯伏，不敢猖獗。奏牍未及彻阁，而朝廷已闻，诏遣大军往讨之矣。

"先是，王渊在京为小官时，狎露台娼周者，稔甚。乱后为叔近所得，携归家，渊每对人切齿。是时，适渊为御营司都统制，张、韩俱为渊部曲，渊命张提师以往。张素以父事渊，拜辞于廷，渊云：'赵叔近在彼。'张默解其指。将次秀境，叔近乘凉舆，以太守之仪郊迎于郡北沈氏园，张即叱令供析，方下笔而群刀悉前，断其右臂。叔近号呼曰：'我宗室也。'众云：'汝既从逆，何云宗室。'已折首于地。秀卒见叔近被杀，始忿怒，返戈婴城以拒敌。

纵火殴略，一郡之内，喋血荼毒。翌日，破关，诛其首恶。虽曰平定，然其扰尤甚。凯旋行阙，第功行赏焉。

"张于乱兵中获周娼，以献于渊，渊劳之曰：'处置甚当。但此妇人吾岂宜纳，君当自取之。'张云：'父既不取，某焉敢耶。'时韩在旁，渊顾曰：'汝留之，无嫌也。'韩再拜而受之。既归韩，甚得宠嬖，为韩生子，韩既贵盛，周遂享国封之荣。"

《要录》卷十六："二年六月乙丑，徐州观察使、御营使司中军统制张俊引兵入秀州，前知州事中大夫赵叔近为所杀。……取周氏以归。渊以予俊，俊不受，乃遗韩世忠。（此段据王明清《挥麈三录》增入。周氏，彦古母，后封蕲国夫人。熊克《小历》：俊入秀州在六月戊辰。《日历》：张俊申，十一日到秀州，十二日巳时收复，十五日申到。今从《日历》。）"

《忠武王碑》："娶白氏，秦国夫人；……周氏，蕲国夫人。子男四人，长曰彦直，……次曰彦古，起复朝奉大夫，充敷文阁待制，知平江府，兼节制水军，今家居终蕲国之制。"

九月，丁进叛，时公军中有进馀党百馀人，尽斩于扬州竹西亭。

《要录》卷十七："建炎二年九月甲申，武节大夫、阁门宣赞舍人、京城外巡检使丁进叛，率众犯淮西。进初受宗泽招，泽薨乃去。时韩世忠军中有进馀党百馀人，世忠尽斩于扬州竹西亭。斩至王权，有武臣段思者，劝世忠释而用之。"

授鄜延路副总管，加平寇左将军，承节带御营统制如故。

《十将传》："召还，授鄜延路副总管，加平寇左将军，屯淮阳。"

《忠武王碑》："召还行在，授鄜延路副总管，加平寇将军，承节带御营统制如故。"

案：上事《要录》失载，其确在何月何日，莫得而知。《十将传》及《忠武王碑》均谓其事在由河南召还行在之后，但中间扈驾赴淮扬，途中以军乱被责，各书于时均未叙及此数秩名，则至早当在既抵扬州之后。以《要录》于下月已见平寇左将军衔，姑次其事于本月内。

十月十二日，以金人渡河，诏差公与张俊诸人分道拒战。

《宋会要》讨叛（三）："建炎二年十月十二日，金人渡河，攻开德府不破，往濮州攻城，诏差御营使司统制官张俊领所部兵由京师前去开德府，差统制官韩世忠领所部兵由徐州前去东平府迎敌。先差河外总管见屯住冀州马扩领所部兵与张俊、韩世忠互相应援。既而议者谓张俊为中军统制，不可远去，留俊，差统制官范琼由京师前去开德府。"（兵门卷九之七）

《要录》卷十八："十月癸亥，诏御营平寇左将军韩世忠以所部自彭城至东平，中军统制官张俊自东京至开德，以金人入犯故也。仍命河外元帅府兵马总管马扩充河北应援使，与世忠、俊互相应援。是日，金人围濮州。初，马扩既至北京，欲会兵渡河，复陷没诸郡，次馆陶，闻冀州已陷，而敌在博州，……扩遂引兵攻清平县，金右副元帅宗辅，左监军昌，左都监多昂摩合兵与扩战于城南，……清平人开门助金人，掩扩军之背，扩军乱，统制官任琳引众叛去，其属官吴铢、孙茂皆降金，扩知事不集，乃由济南以归。……扩之未败也，左副元帅宗维以兵来会。宗维自云中南出，将历怀、卫而东，闻扩败，遂由黎阳济河以犯澶渊，守臣王棣御之，不能下，进犯濮州。朝廷亦闻金在澶、濮间，故遣韩世忠、张俊以所部兵迎敌，而命扩佐之，盖未知扩败也。"

是月，丁进降。

《要录》卷十八："御营前军副统制刘正彦击丁进，降之。正彦之出师也,请通直郎刘晏偕行,晏以赤心骑八百从正彦行。逮至淮西,而进军颇众。晏曰:'今贼势张甚,当以奇计破之。'乃为五色旗,使骑兵持之,循山而出,一色既尽,则以一色易。贼见官军累日不绝,旗色各异,遂不战而请降。诏赦进罪,分其兵隶诸军。正彦以功自武德大夫、威州刺史进阶官武功大夫,而晏迁朝散郎,各赐金帛。晏悉以所赐分将士,将士皆悦。正彦始觖望。"

十二月,隆祐太后至杭州,诏以苗傅为扈从统制。

《要录》卷十八:"十有二月,乙卯,隆祐太后至杭州。扈从统制苗傅以其军八千人驻于奉国寺。"

《中兴小历》卷四:"十二月,隆祐太后御舟以是月至杭州,诏鼎州团练使苗傅为扈从统制官,驻军奉国寺。上初开府时,傅为右军统制官,与杨维忠比肩。如王渊、张俊、韩世忠,皆出其下者。"

● 建炎三年己酉(1129)　金天会七年　四十一岁

春正月丙午,公与金人战,溃于沭阳,部将张遇死之。

《要录》卷十九:"建炎三年春正月丙午,御营平寇左将军韩世忠军溃于沭阳。初,世忠在淮阳,将会山东诸寇以拒金,会左副元帅宗维兵至滕县,闻世忠扼淮阳,恐稽师期,乃分东南道都统领兵万人趋扬州,以议事为名,使上不得出,而宗维以大军迎世忠,世忠不能当,夜引归,军无纪律,未晓至宿迁县,不虞金人之踵其后,质明觉之,奔于沭阳。世忠在沭阳,夜不安寝,与其帐下谋,夜弃军乘潮走盐城县。翌日诸军方觉,遂溃去。其将阁门宣赞舍人张遇死于涟水军之张渠村。(熊克《小历》:"二年五月金人渡河,辛卯,韩世忠领兵迎敌,世忠至京西,为金所败,其将张遇死焉。"案:去年五月,世忠与遇偕至京西,今春遇至京东乃死,克误也。)后军管队官李彦先率本队四十七人得二舟,入海聚众,自此辅逑聚众于涟水,李在据高邮,皆世忠之兵也。"

《十将传》:"屯淮阳,会山东兵拒虏,粘罕闻世忠扼淮阳,乃分兵万人趋扬州,而身以大军迎世忠战,世忠不敌,夜引归,不虞虏之摄其后也,军至沭阳而溃。阁门宣赞舍人张遇死之。溃军辅逑、李在入海,遂聚众为盗。"(《宋史》本传略同)

《宋史·高宗纪》:"丙午,粘罕陷徐州,……御营平寇左将军韩世忠溃于沭阳,其将张遇死。世忠奔盐城。金人执淮阳守臣李宽,杀转运副使李跋,以骑兵三千取彭城,间道趋淮甸。"

二月,金人犯淮扬,高宗驰幸镇江府,后从王渊请,复幸杭州。

《宋史·高宗纪》:"建炎三年二月庚戌朔,始听士民从便避兵。命刘正彦部兵卫皇子六宫如杭州。江淮制置使刘光世阻淮拒金人,敌未至,自溃。……壬子,内侍邝询报金兵至,帝被甲驰幸镇江府。是日,金兵过扬子桥。癸丑,游骑至瓜洲。……王渊请幸杭州,是夕,发镇江,次吕城镇。……壬戌,驻跸杭州。"

公率所部由海道赴行在。

《要录》卷二十:"二月庚申,……时朝廷方以金人渡江为虑,故命大将杨惟忠守金陵,刘光世守京口,王渊守姑苏,分受二大臣节制。于是韩世忠在海道未还,而范琼自寿春渡淮,引兵之淮西境上,扈驾者惟苗傅一军而已。"

《十将传》:"在阳城,收合散亡,得数千人。闻上幸钱塘,即由海道赴行在所。"

《忠武王碑》:"王闻车驾幸钱塘,遂由海道趋行在。时建炎三年也。"

丁进复欲为乱,王渊、朱胜非诱斩之。

《要录》卷二十:"二月丁巳,武经大夫、阁门宣赞舍人丁进既受招,以其军从上行,遮截行人,恣为劫掠。且请将所部还江北与金人血战,其意欲为乱。会御营都统制王渊自镇江踵至,进惧,欲亡入山东,朱胜非过丹阳,……渊遣小校张青诱进诣胜非,至则斩之。"

三月,苗傅、刘正彦叛,勒兵向阙,杀王渊及内侍百馀人,迫高宗逊位于皇子魏国公,请隆祐太后垂帘同听政。改元明受。

《宋史·高宗纪》:"三月辛巳,御营都统制王渊同签书枢密院事。……壬午,诏王渊免进呈书押本院文字。扈从统制苗傅忿王渊骤得君,刘正彦怨招降剧盗而赏薄。帝在扬州,阉宦用事恣横,诸将多疾之。癸未,傅、正彦等叛,勒兵向阙,杀王渊及内侍康履以下百馀人。帝登楼,以傅为庆远军承宣使、御营使司都统制,正彦渭州观察使、副都统制。傅等迫帝逊位于皇子魏国公,请隆祐太后垂帘同听政。是夕,帝移御显宁寺。……己丑,改元明受。"

《忠武王碑》:"由海道趋行在,……未至,有神将段恩者,亡至都下,诡言王兵溃陷虏,物情震骇。殿前统制苗傅、刘正彦素畜异心,闻王陷没,无复忌惮,遂勒兵反。杀签书枢密院事王渊及内侍数十人,奉太上居别宫。凶焰炽甚。神武中军统制吴湛又阴与同恶。王在海上闻变,望阙恸哭,举酒酹神曰:'誓与此贼不共戴天。'舟中三卒亦皆恸哭思奋。"

苗、刘矫诏加公捧日天武四厢都指挥使等官。

《要录》卷二十一:"三月甲申,起复定国军承宣使、带御器械、鄜延路马步总管、御营平寇左将军韩世忠为捧日天武四厢都指挥使、御营使司专一提举一行事务、都巡检使。(世忠此除,《日历》及碑志皆不载,李陵《外制集》有制词。案:世忠实代刘光世,当在此时。)"

张浚于平江决策讨乱,公于是月丙申以所部至平江相会。

《朱子大全集·张浚行状》:"三月九日,有自杭持苗傅、刘正彦檄文来者,公恸哭。念王室祸变如此,戴天履地,大义所存,虽平江兵少力单,而逆顺势殊,岂复强弱利害之足较,便当唱率忠义,举师复辟,诛讨叛贼以济艰难,虽孀母在远,身无嗣继,而义有所不可已也。……时承宣使张俊领万人自中涂还,公遣问之。……俊立诣公所,公独留俊握手语曰:'太尉知皇帝逊位之由否?此盖傅、正彦欲危社稷。'语未终,泣下交颐。俊亦大哭。……公虑俊意未确,复再三感动之,俊曰:'只在侍郎。若官家别有它虞,何所容身。'公应曰:'某处置已定,当即日起兵问罪。'俊大喜,且拜曰:'更须侍郎济以机权,莫令惊动官家。'……"

《要录》卷二十一:"三月己丑,张浚欲奏请上复辟,……前密州州学教授丘彪见浚于军中,浚问策安出,彪曰:'以至顺诛大逆,易于反掌,顾公处之何如耳。'浚曰:'张俊指天誓地,愿以死援君父之辱;韩世忠有仗节死难之志,二人可倚以办事。惟浚士卒单弱,恐不足以任兹事,然吕枢密屯兵江宁,其威望为人所信向,且通亮刚决,能断大事,当为天下倡。刘光世屯军镇江,兵力强悍,谋议沈鸷,可以倚仗。浚皆驰书往矣。'"

《中兴小历》卷五:"三月丙申,御营平寇将军韩世忠以兵由海道至平江,见张浚,泣曰:'我便去救官家。'浚曰:'投鼠忌器,事不可急。已遣冯轓甘言诱贼矣。'初,王渊识世忠于微时,待之绝等,故至是世忠奋发,讨贼尤力。"

《要录》卷二十一:"丙申,韩世忠以所部至平江。初,世忠在常熟舟中,闻张浚遣人来,被甲持刃,不肯就岸。取浚及统制官张俊所遗书,遣人读之,世忠乃大哭,举酒酬神曰:'誓不与此贼共戴天。'舟中士卒皆奋。世忠见浚曰：'今日大事已成，世忠与张俊以身任之，愿公毋忧。'世忠欲即进兵，浚谕之曰：'事不可急，投鼠忌器，急则恐有不测。浚已遣冯轓甘言诱贼矣。'（熊克《小历》云："始王渊识韩世忠于微时，……"案：世忠虽王渊旧将，然其人忠诚最著，故首有"便去救官家"之语。及临平之战，身在前行，皆缘国事，非但感王渊畴昔之恩而为之复仇也。今不取。）"（《十将传》略同）

《忠武王碑》："时礼部侍郎张浚在平江，方议讨乱，与诸将环坐，计未有所出，闻王且至，更相庆曰：'韩公之来，此事必办。'王至，见浚，相与号泣，曰：'何犹豫为。'即日与浚定复辟之议。乃先诸将启行。"

《朱子大全集·张浚行状》："三月十五日，有报韩世忠海船到常熟岸者，俊喜曰：'世忠来，事办矣。'即白公，公以书招之，世忠得书号恸。十八日，见公于平江，相对恸哭。世忠曰：'某愿与张俊身任之。'偶甄援自杭来，诡称睿圣面令促诸军，公使遍谕俊、世忠，及至镇江谕光世及部曲等，众皆号恸。"

苗傅檄公命屯江阴，公报以好语，祈赴行在，傅许之。

《要录》卷二十一："初，苗傅闻世忠自海道还，以都统司檄命世忠屯江阴，世忠至平江，即诡为好词报傅，以所部残零人马不多，欲赴行在，傅大喜，许之。"

《中兴小历》卷五："二凶矫制召世忠，世忠阳为语以报曰：'残兵不多，欲部至行在。'二凶许之。"

《十将传》："初，傅、正彦闻其来，檄以其兵屯江阴，世忠以好语报之，且言'所部残零，欲赴行在'。傅等大喜，许之。"

二十日戊戌，公以所部发平江，舟行三十里不绝，军势甚振。

《要录》卷二十一："戊戌，御营平寇前将军韩世忠以所部发平江。……是日，张浚大犒世忠及张俊两军，酒五行罢，浚引诸将至府园，屏左右问曰：'今日之事，孰逆孰顺？'众皆曰：'我顺彼逆。'浚曰：'若迷天悖人，可直取浚头颅归贼。闻以观察使求，即日富贵矣。不然，一有退缩，当以军法从事。'众皆诺。初，沭阳之溃，世忠部曲皆散，几不能军。浚以其兵少，命前军统制张俊以统领官刘宝二千人借之。（《平江实录》云："世忠军先发，更益以张俊甲军千人。"而《世忠碑》云："张俊遣兵三千人勤王。"二书不同，今从《勤王记》。朱胜非《闲居录》："二凶言韩世忠自江北败归，部曲无百人，却于张俊处借得杂兵五七百人。"恐非其实。）世忠发平江，舟行不绝者三十里，甲士尽载其上，军势甚振。浚虑傅等以伪命易置，乃命世忠偏将张世庆搜绝邮传，凡自杭来者，悉投之水中。"

案：《宋史·吕颐浩传》谓颐浩于江宁闻苗刘之变，即与诸将相约会兵讨贼，遂至平江晤张浚，"即舟中草檄，进韩世忠为前军，张俊翼之"云云，《要录》此段亦谓为"御营平寇前将军"，而不著其由"左将军"改"前将军"之原委。今查各书于苗刘事定之后，所著韩氏官秩，唯《中兴小历》称"前将军"，馀均仍为"左将军"，疑"前将军"之称，乃因勤王各军发临平时原以韩氏所部为前军，此本临时部署，其官爵未必有所改动，自以仍称"左将军"为是。

《张浚行状》："二十日，公大犒俊、世忠将士，令世忠奏以兵归行在，而密戒世忠急至秀据粮道，候大军至。酒五行，公亲呼诸将校至前，厉声问曰：'今日之举，孰顺孰逆？'众皆曰：'我顺贼逆。'公复厉声曰：'若某此事违天悖人，可取某头归苗傅等，闻傅等以观察使及金钜万求某，得某者可即日富贵。不然，一有退缩，按以军法。'众感愤应诺。世忠军自平江舟行，不绝者三十里，军势甚振。是时逆党传闻，已自震慑，有改图之意矣。"

《中兴小历》卷五："壬寅，（吕）颐浩至平江府，凡兵三万人。……时韩世忠兵寡，颐浩与张浚议，分俊兵济之，俊乃以统领官刘宝一军二千人借世忠。"

《忠武王碑》："时道路哗言，傅、正彦谋挟乘舆以出，中外恟惧。王曰：'贼素知畏我，我至，彼敢尔耶！'寻命偏将张世庆搜绝诸路邮置，使伪命不行。"

抵秀州，称疾不行。造云梯，治器械。苗傅等闻之大惧，矫制除公及张俊节钺，均不受。

《张浚行状》："二十一日，复遣冯辅以书行，且令辅居中，几事相应。会得傅等书云：'朝廷以右丞待侍郎，伊尹、周公之任，非侍郎其谁当之。'公不胜忠愤，度傅等已觉公义兵动，而我兵势既已立，遂因递报之。其略曰：'今建炎皇帝春秋鼎盛，不闻失德于天下，一旦逊位，岂所宜闻。自处已定，虽死无悔。'傅等得书怒，遣赤心军及王渊旧部精锐尽驻临平，而韩世忠之军已扼秀州矣。……世忠既抵秀州，称病，日令将士造云梯，修弓矢器械，傅、正彦震骇，亟除世忠、俊节度使，指挥略云：'世忠、俊均晓内禅大义，不受张某诖误。'二人皆不受命。"

《要录》卷二十一："己亥，张浚复遣冯辅入杭给傅等，告以祸福，使之改图。先是，傅又遗浚书，……浚报书曰：'……愿二公畏天顺人，无顾一身利害。借使事正而或有不测，犹愈于暴不忠不义之名而得罪于天下后世也。'初，浚发书及所措置事，皆托他词，未敢诵言诛之，傅等虽闻大集兵，犹未深信。得此书始悟见讨，奏请诛浚以令天下。

"始，张俊所部统领官安义阴与傅合，欲代俊而夺其兵，乃断吴江桥以应贼。浚即令韩世忠屯秀以伐其谋。世忠至秀，称疾不行，造云梯，治器械，傅等始惧。

"辛丑，新除捧日天武四厢都指挥使、定国军承宣使韩世忠为定国军节度使、依前御营使司提举一行事务都巡检使。新除捧日天武四厢都指挥使、武宁军承宣使张俊为武宁军节度使、知凤翔府。二人皆以'深晓内禅大义，不受张浚诖误'，故有是命。（此以《日历》及张浚《复辟记》、《林泉野记》参修。）"

《忠武王碑》："至嘉禾，造攻具甚急，傅、正彦矫止王，且除节钺。王不受命。"

时苗、刘等深以勤王兵奄至为忧，遂命御营都统司统领官苗瑀、参议官马柔吉以赤心队及王渊旧部精锐驻临平以谋抵拒。

《要录》卷二十一："御营都统司统领官苗瑀、参议官马柔吉以赤心队及王渊旧部精锐驻临平，以拒勤王之兵。然韩世忠扼秀州，张俊前军在吴江，贼气沮矣。"

又，同书引朱胜非《闲居录》："是日午间，二凶到堂曰：'闻韩世忠领千馀人来秀州，出言不善。'余曰：'出何言？'二凶曰：'欲屠戮杭州一城人。今欲遣统领官苗瑀将三千人拒之于崇德县。'余曰：'瑀是何人？'傅曰：'舍弟。见充军前将官。极骁勇。平日不伏世忠，愿去对敌。设使交兵，必擒世忠来。'余大笑曰：'公等何言之误也。世忠谁家将，所部谁家兵？岂可苟听少年轻锐之言，而不顾国家大利害乎。平江勤王兵马甚盛，闻此中宁静，朝廷经画，军中听顺，故迟迟其来。借使瑀能胜世忠，大军必继进，彼此疑阻，玉石俱焚矣。'少顷瑀至，问'何故欲出兵为国生事'？瑀曰：'世忠向日扬州统兵四万馀人，运粮十馀万石，三军战马往往夺去，行至淮阳军，闻金兵南来，不战而溃。近日将四千馀人，自苏州界渡江来，败兵如此，自当诛戮，尚敢妄言，毁辱诸将，瑀实不平，欲往擒之。'余曰：'国事既平，方可正罪。彼方称勤王，遽遣兵击回，即贤先有罪矣。'瑀曰：'若突至城下，岂不惊扰？'余曰：'朝廷当任责，贤无虑。'左右报已迫晚朝，遂揖退。……忽平江传檄，指名二凶之恶，来人以数十本传城中，二凶得之忿怒。盖自遭变故，五日而得（王）钧甫，八日而得（王）世修,半月事定,……洎得此檄,……六人相从作檄文,曰:'某等前日之请,欲和金人以息兵革,……今勤王所传檄,直以某等为逆贼,实不能堪。欲率本军径至平江,与诸人理会了,却来迎请,庶显本心。……传闻勤王所于民间率敛钱物,不可胜记,以犒设为名,恣行分受,朝夕饮会,曾无忧国之心。既言大军已集,何不来?韩世忠向自江北败归,部曲无百人,却于张俊处借得杂兵五六百人作前军来秀州,意欲反正后自以为功,掩其前过。今已多日,恐人议论,故作此檄,且造行遣。又闻此檄出张浚之意。'……"

夫人梁氏及子亮为苗傅取至军中为质,至是,朱胜非以计脱之,傅等亦欲其慰公,遂得至秀州相会。

《要录》卷二十一:"壬寅,初,苗傅闻韩世忠在秀州,取其妻梁氏及其子保义郎亮于军中以为质。朱胜非闻之,乃好谓傅曰:'今当启太后,招二人慰抚,使报知平江诸人,益安矣。'傅许诺。胜非喜曰:'二凶真无能为矣。'(此以胜非《闲居录》修入。但《闲居录》系之十七日,恐误。今依《日历》附二十四日壬寅。《日历》称"世忠妻在杭,世忠使人召之,傅不与"。张浚《复辟记》云:"傅质世忠家属,以太母命,遣其妻往世忠所,嘱之还朝。"二书复不同,以事考之,胜非所记当得其实,今从之。)太后召梁氏入见,封为安国夫人,锡予甚渥。后执其手曰:'国家艰难至此,太尉首来救驾,可令速清岩陛。'梁氏驰出都城,遇苗翊于途,告之故,翊色动,手自捽其耳,梁氏觉翊意非善,愈疾驱,一日夜会世忠于秀州。"

《十将传》:"时世忠妻梁氏及子亮为傅所质,防守严密,朱胜非绐傅曰:'今白太后遣二人慰抚世忠,则平江诸人益安矣。'于是召梁氏入,封安国夫人,俾迓世忠,速其救驾。梁氏疾驱出城,一日夜会世忠于秀州。"

《忠武王碑》:"时杨国夫人及二子质傅军,防守甚严,王略无顾念。会隆祐太后宣见杨国，杨国诣傅绐曰：'太尉作如许事，公来矣，于太尉何如？'傅乃屈膝拜曰：'愿奉兄嫂礼，谨其鞍马。烦夫人好为言。'是日入见，隆祐宣问周悉，执杨国手垂泣曰：'国家艰危至此，太尉首来救驾，可令速清岩陛。'杨国奉诏，驰出都城，遇傅弟翊于途，告之故，翊色动，手自捽耳。杨国觉翊意非善，愈疾驱，一日夜会王于嘉禾，王见之，惊曰：'汝辈在耶？'"

明受改元诏书至，公焚其诏，并斩其使。

《要录》卷二十一："壬寅，……俄而傅等遣使以麻制授世忠，世忠曰：'吾但知有建炎，岂知有明受！'斩其使，焚其诏。"

《忠武王碑》："俄而明受诏至，王曰：'吾知有建炎官家，安知明受耶！'斩其使，焚其诏。"（《十将传》略同）

二十五日癸卯，公与勤王各军部署略定，乃组设勤王所，并檄告中外。

《要录》卷二十一："癸卯，吕颐浩、张浚议进兵。韩世忠为前军，张俊以精兵翼之，刘光世亲以选卒为游击，颐浩、浚总中军，光世分军殿后。遂以勤王所为名。颐浩、浚传檄中外曰：'……逆臣苗傅，躬犬豕不食之资，取鲸鲵必戮之罪，乃因艰难之际，敢为废立之谋。刘正彦以孺子狂生，同恶相济，自除节钺，专擅杀生。仰惟建炎皇帝：忧勤恭俭，志在爱民，闻乱登门，再三慰劳，而傅等陈兵列刃，凶焰弥天，逼胁至尊，仓皇避位。语言狂悖，所不忍闻。大臣和解而不从，兵卫皆至于掩泣。诏书所至，远迩痛心。骇戾人情，孰不愤怒。顾惟率土，何以戴天。况傅等揭榜阛市，自称曰予，祖宗讳名，曾不回避，迹其本意，实有包藏。今者吕颐浩因金陵之师，刘光世引部曲之众，张浚治兵于平江，韩世忠、张俊、马彦溥各率精锐，辛道宗、永宗、陈思恭总率舟师，汤东野、周杞据扼险要，赵哲调集民兵，刘海、李追馈饷刍粮，杨可辅等参议军事，并一行将佐官属等，同时进兵，以讨元恶。师次秀州，四方响应。用祈请建炎皇帝亟复大位，以顺人心。今檄诸路州军官吏、军民等，当念祖宗涵养之恩，思君父忧废之辱，各奋忠义，共济多艰。所有朝廷见行文字，并系傅等伪命，及专擅改元，即不得施行。敢有违戾，天下共诛之。建炎三年三月二十四日，朝奉大夫、权发遣常州兼两浙西路兵马都监周杞，新除左武大夫、观察使、两浙西路提点刑狱公事赵哲，秘阁修撰、知平江府、两浙西路兵马钤辖汤东野，宁武军承宣使、带御器械、秦凤路马步军副总管、御营前军统制张俊，起复定国军承宣使、带御器械、鄜延路马步军总管、御营平寇左将军韩世忠，试尚书礼部侍郎、充御营使司参赞军事张浚，新除检校太保、奉国军节度使、殿前都指挥使制置刘光世，新除资政殿学士、同签书枢密院事、江淮两浙制置使吕颐浩（臣谨案：印本檄书系三月二十四日。……其实二十四日壬寅草檄书，二十五日癸卯乃传发耳）。'"

初，刘光世以与公及张俊有隙，不预勤王事，至是，亦以所部至平江。

《要录》卷二十一："三月庚寅，检校太保、殿前都指挥使、奉国军节度使刘光世为太尉、淮南制置使。傅、正彦素惮刘光世，又知其与韩世忠、张俊旧不平，欲间之使为己用，故首擢之。……

"甲午，……先是，张浚三遗刘光世书，谕以勤王，且遣参议军事杨可辅至镇江趣之，光世不报。

"癸卯，……是日，刘光世亦以所部至平江，光世见张俊，相与释憾，傅计不行。（张浚《复辟记》云："初，苗傅为光世与韩世忠、张俊尝有语言之隙，屡行间牒，意令光世为己用，而俊、世忠三人尽释憾交欢，傅计不行。"案：光世至平江时，世忠已在秀，且二人终身未尝释憾交欢，浚不应误。但其上此记时，三人者并为大将，不容不如是言之耳。今略删润，令不失实。）"

《宋史·张俊传》："刘光世以所部至，俊释旧憾。韩世忠来自海上，俊借一军与之俱。"

《宋史·刘光世传》："苗刘为乱，素惮光世，迁光世为太尉、淮南制置使。张浚在平江，驰书谕以勤王，光世不从。吕颐浩遣使至镇江说之，乃引兵会于丹阳。"

苗、刘闻进兵急，益惧，乃遣使谢罪，并胁求诏旨抚慰公，公坚持须复辟事乃可已。

《忠武王碑》："进兵益急，傅等大惧，遣将领张永载谢罪，且出御札曰：'知卿已到秀州，远来不易。朕居此极安宁。苗傅、刘正彦本为宗社，始终可嘉，卿宜知此意，遍谕诸将，务为协和，以安国家。'王知胁求诏旨，非太上本意，谕永载曰：'天子即复位，事乃可缓。不然，吾今以死决之。'贼得语，知不可解，即日复太上明辟。"

《要录》卷二十一："甲辰，御史中丞郑瑴、殿中侍御史王庭秀抗疏论睿圣皇帝不当改号。瑴言：探闻得诏书之意，乃遣阁门宣赞抚谕将臣韩世忠，归道世忠之语，称'须得太后陛下诏睿圣皇帝为兵马大元帅，方不进兵'。……"

四月戊申朔，吕颐浩、张浚至秀州，公出郊迎之。

《要录》卷二十二："夏四月戊申朔，吕颐浩、张浚次秀州，韩世忠以下出郊迓之，具言傅等用意奸回，当益为备。（臧梓《勤王记》："颐浩至秀州，问韩世忠等曰：'与贼对垒，能知贼无佗虞乎？'对曰：'彼怙势恃众，胁取铁券，自谓不死，无有佗虞。'又问曰：'我师可以必胜乎？'曰：'以众敌寡，以顺讨逆，可以必胜。'颐浩曰：'知彼知己，可战矣。'"案：此与《复辟记》所云世忠之语全不同，疑臧梓所书有所润色。其后赵雄撰世忠碑又引而载之，今不取。）"

是日，高宗复辟，降诏复用建炎年号。

《宋史·高宗纪》："夏四月戊申朔，太后下诏还政，皇帝复大位。帝还宫，与太后御前殿垂帘。诏尊太后为隆祐皇太后。庚戌，复纪年建炎。"

勤王军相次抵临平。初三日庚戌，公与苗翊、马柔吉战，大败之。傅等率众遁去。公遂与勤王各将官先后入见高宗于行宫。

《要录》卷二十二："庚戌，吕颐浩、张俊次临平。苗翊、马柔吉以重兵负山阻河为阵，于中流植木为鹿角，以梗行舟。翊以旗召世忠兵出战。始，世忠以刘宝军非所部，乃悉收其家属诣军。将战，世忠舣家属舟于岸下，率将士当前力战。张俊次之，刘光世又次之。军小却，世忠叱其将马彦溥挥兵以进。涂泞，骑不得骋，世忠下马驰矛突前，令其将士曰：'今日各以死报国。若面不带几箭者，必斩之。'颐浩在中军，被甲立水次，出入行伍间督战，翊等败走，傅、正彦遣兵援之，不能进。（朱胜非《闲居录》云："四月初三日赴朝，上曰：'昨暮城上望见郊外水际有舟船火炬，朕遣人坠城探之，乃韩世忠下先锋陈思恭船舶水中，不敢近岸。去人问之，但云苗统制去也来。勤王兵乃如此。'余曰：'勤王兵不为无助。只要佗作声援，……倘进兵至城下，必交战，胜负果未可知。设使战胜，二凶必生奸谋，以保护为名，分守两宫，勤王兵虽胜，如何措手。'初四日午间，报韩世忠下将佐陈思恭、孙世询等至，皆以尘土蒙面，破裂衣裳，亦有面颊封药如金疮者，州人指笑曰：'舟行未尝有尘，不曾战斗，何故伤损。'"案：胜非所云，皆以贬损张浚之功，恐非其实。王廷秀《阅世录》亦云："三日，闻韩将军至临平，为二凶误伏掩杀"，足明胜非所云皆私意也。今不取。）朱胜非命诸将集兵皇城门外，城中震恐。……是夕，傅、正彦引精兵二千人开涌金门以出，命其徒所在纵火，遇大雨，火不能起，遂夜遁。尚书檄诸道捕傅等。

"世忠、俊、光世驰入城，至行宫门，世忠欲入，其下张介曰：'不可。虽闻二贼已去，尚未可知。'阍者以闻，上步至宫门，握世忠手恸哭。光世、俊继至，并见于内，上嘉劳久之。（朱胜非《闲居录》云："初四日午间，报韩世忠下将佐陈思恭、孙世询等……皆奔走禁门，欲直入，卫士呵止，遂大殴击而入。唱言曰：'韩太尉使来拆帘。'径至殿门，叫呼不已。上大惊，遣人引至殿廷，望殿上无帘，惭怍而退。"恐未必果尔，今不取。）"

《宋会要》讨叛类："高宗建炎三年四月三日，苗傅、刘正彦谋不轨，傅裨将苗翊与韩世忠兵战于临平南，翊败，傅、正彦遣兵救之，朝廷命诸将皆集兵于皇城门外。是夕，傅、正彦引兵开钱湖涌金门而出。时大雨，贼军仓皇夜遁。都省发收捉苗傅、刘正彦等榜，下淮南东西、两浙东西、江南东西、湖南东西、京西南北、福建路诸州军：'契勘贼臣苗傅、刘正彦谋不轨，诸路勤王军马于杭州临平镇与贼兵接战，王师大捷，皇帝已复尊位。其苗傅、刘正彦引同谋人王钧甫、马柔吉、张逵、王世修、苗翊、苗瑀并叛兵二千馀人，望严州路遁逃，除已擒到王世修、张逵凌迟处斩外，诏如生擒到苗傅、刘正彦，有官人与承宣使，无官人与正任观察使；如捉到王钧甫、马柔吉、张逵、苗翊、苗瑀，与转七官，如能斩首级，亦与上件赏。其馀一行官兵将校并与放罪，一切不问。仰于所在陈首，出给公据，发赴行在，依旧收管。如不愿就上件官，每获苗傅、刘正彦一名，支赏钱十万贯，馀人每名支赏钱一万贯。若徒中官员、将校、人兵等有能斩到逐人首级，亦依此施行。'

"四日，诏苗傅、刘正彦下兵出清波门，其路至富阳，可通徽、宣、严、婺、湖、广诸州军，见今逢敌溃散，仰诸郡遣将领各于界首防托，如遇上件溃兵，便行招安。除苗傅等数人为首，其馀应干胁从人、将佐、使臣、效用军兵等，本不知谋，各系无罪之人，限一月出首，所在出给公据，赴行在依旧收管。其出首辄有擅行杀戮，并依擅杀平人法。（八日敕文又限百日出首。）"（兵门卷十之二二~二三）

《张浚行状》："四月二日，公次秀州，奉复辟手诏，而傅等大屯兵临平，公进发，三日次临平，世忠当前，俊次之，光世又次之。逆党立旗招谕世忠等，世忠与战，军小却，世忠亲挥刃突前曰：'今日不为官家面上带几箭者斩之。'众争奋，贼党苗翊等大败。傅、正彦相继逃遁。"

《忠武王碑》："王顾所部或非素所拊循，乃悉收家属诣军。及合战临平，舣家属舟岸下，由是师徒登岸击贼，无一不用命者。贼将苗翊、马柔吉以重兵负山阻河为阵，且于中流植木为鹿角以梗行舟，岸间涂淖不可驰，王乃下马挥戈令军中曰：'今日当以死报国。若面不带数箭者皆斩。'士殊死斗。转至剪刀山下，贼以乘神臂弓数千持满而待，王嗔目大呼，挺刃径前，贼辟易，矢不及发，连战皆大克。直造北关门。傅、正彦自授江东制置使副，提禁旅数万以遁。……王入朝行宫，拜且泣曰：'逆贼不道，主辱臣死，臣愿受命缚此二逆。'"

《中兴小历》卷六："夏四月戊申朔，……时傅遣其弟翊伏赤心军于临平，伺击勤王之师，御营前将军韩世忠曰：'乳臭儿敢尔耶！'是日翊战败，二凶遣兵救之，朝廷诸将皆集皇城门外，守臣康先之以为不可，不若遣人谕二凶速引兵去，是夕，二凶乃开涌金门以出，遇大雨，仓皇而遁。世忠勤王之师至北阙，辛亥，入城。"

手擒逆党王世修、吴湛二人，皆斩之。

《要录》卷二十二："辛亥，平寇左将军韩世忠手执工部侍郎王世修以属吏，并拘其妻子。诏制置使刘光世鞫其始谋以闻。

"癸丑，监察御史陈戬奉诏鞫审王世修于军中。世修言：'苗傅等疾阉宦恣横,及闻王渊为枢密,愈不平,乃与世修等谋,先伏兵斩渊,继杀内官,然后领兵伏阙,胁天子禅位。此皆始谋实情。'戡以闻,诏斩世修于市。

"甲寅,斩御营中军统制官、权主管侍卫步军司公事吴湛。初,上以湛佐二叛为逆,谕韩世忠使图之,世忠曰:'此易与耳。'时湛已不自安,严兵为备,世忠诣湛与语,手折其中指,遂执以出。门下兵卫惊扰,世忠按剑叱之,无敢动者。诏戮湛于市。"

《宋南渡十将传》:"世忠驰入城,上步至宫门,握世忠手恸哭。上曰:'中军吴湛,佐逆为最,尚留朕肘腋,能先诛乎?'世忠即谒湛,握手与语,折其中指,擒戮于市。且手执王世修以属吏。世修,以贼谋主也。"

《忠武王碑》:"太上握手语王曰:'统制吴湛,佐二叛为逆,卿知之乎?'王曰:'此易与耳。'时湛已不自安,严兵为卫,王诣湛与语,手折其中指,遂擒以出。……又亲擒湛党王世修,同日伏诛。"

除武胜军节度使。

《要录》卷二十二:"甲寅,起复定国军承宣使、带御器械、鄜延路马步军总管、御营平寇左将军韩世忠为武胜军节度使。"

《忠武王碑》:"诏除武胜军节度使、御前左军都统制。"

为王渊请葬地,并经纪其家。

《要录》卷二十二:"甲寅,……始,王渊识韩世忠于微时,待之绝等,至是,世忠为请地厚葬。经纪其家,不遗馀力。"

苗、刘率众窜扰各地,公请身任剿除之责,诏除江浙制置使,自衢、信追击之。

《要录》卷二十二:"丁卯,御营左军都统制韩世忠请亲往讨贼，以世忠为江浙制置使，自衢、信追击之。世忠入辞，白上曰：'臣当扑灭二贼，未审圣意欲生得之耶，或函首以献也？'上曰：'能杀之足矣。'世忠曰：'臣誓生致之，显戮都市，为宗社刷耻。'时卫士宋金刚、张小眼者，号有膂力，世忠乞以行，欲使获俘来上，上壮之，酌巨觥以饯世忠。（《日历》于丁卯日已书车驾进发杭州，幸江宁府，命韩世忠为江浙制置使，戊辰日又书吕颐浩等乞留韩世忠前去衢、信州，以求擒捕苗傅。）"

《要录》卷二十二："（四月）辛未，苗傅屯沙溪镇，统制官乔仲福、王德乘间入信州，会统制官巨师古自江东讨贼还，与仲福会，傅未至信州十里，闻官军在，遂还屯于衢、信之间。初，韩世忠喜德之勇鸷，欲使归其麾下，乃令心腹健将陈彦章图之，德与彦章适会于信州，同谒群将，彦章进揖，德颇倨，彦章怒，拔刃刺德，不中，德夺刃杀之。"

《忠武王碑》："傅、正彦提禁旅数万以遁，朝廷虑其遂逸去，诏能生擒傅、正彦者，有官人转承宣使，无官人授正任观察使。其馀获逆党赏各有差。王入朝，……因奏曰：'逆贼拥精兵数万，去瓯闽甚迩，万一寖成巢穴，愈难扑灭。臣请速除之。未审圣意欲生致之耶，抑函首以献也？'太上曰：'能杀之足矣。'王曰：'臣誓生致之，显戮都市，为宗社刷耻。不然，则臣为欺天。'殿前虎贲有宋金刚、张小眼者，号有膂力，王乞以从，欲俾获俘来上。时所部才数千人，请止以所部行。太上壮之，酌巨觥以饯。"

五月戊寅朔，引兵发杭州，闻苗、刘趋信上，乃自浦城捷出邀击之。

《要录》卷二十三："五月戊寅朔，……是日，韩世忠引兵发杭州。

"庚辰，苗傅与其徒犯江山县，……闻韩世忠且至，遂引兵趋信上。世忠闻之，恐其滋蔓闽、广，乃自浦城捷出以邀之。"

《忠武王碑》:"王兼程追击,贼方围三衢,闻王师来,即解去,将趋上饶,王恐其或滋蔓闽广也,径自浦城捷出迎之。"

初八日乙酉,高宗至江宁府。

《中兴小历》卷六:"五月乙酉,上至江宁府驻跸,仍改为建康府,时以保宁寺充行宫。"

初十日,与苗、刘战于渔梁驿,败之,并擒刘正彦。

《要录》卷二十三:"丁亥,苗傅寇浦城县。时御营副使司前军统制王德既杀江浙制置使裨将陈彦章,欲与制置使韩世忠战,世忠曰:'苗、刘未平,若与之战,乃是更生一敌,不如避之。'夜,世忠将至浦城北十里,与傅、正彦遇于渔梁驿。正彦屯溪北,傅屯溪南,跨溪据险设伏,相约为应。世忠率诸军力战。骁将李忠信、赵竭节恃勇陷阵,右军统制官马彦溥驰救,死之。贼乘胜至中军,世忠瞋目大呼,挺矛而入,正彦望见,失声曰:'吾以为王德,乃韩将军也。'正彦少却,世忠挥兵以进,正彦坠马,世忠生擒之。尽得其金帛子女。傅弃军遁去,坠马不死,失傅所在。苗瑀收馀卒得千六百人,进破剑川县,又犯虔州。……先是,朝散郎刘晏隶正彦军中,傅使统赤心队,晏谓其部曲曰:'吾岂从逆党反者耶。韩制置来,吾事济矣。'遂率众归世忠。浦城之战,世忠以晏骑一百,为疑兵于浦山之阳,贼见大骇。晏以所部力战,世忠上其功,后迁一官。"

《十将传》:"世忠自浦城捷出,至渔梁驿与贼遇,有数小将战死,世忠徒步挺戈而前,贼望见,咋曰:'此韩将军也。'乃惊溃。擒正彦及傅弟翊送行在。傅亡建阳。"

《忠武王碑》:"至渔梁驿,与贼遇,夜半勒兵,距浦城十里,……俄而接战,部将李忠信、赵竭节恃勇陷阵,马彦溥驰救死之。王挺枪径前,贼望见,咋曰:'此韩将军也!'乃溃。擒傅、正彦及傅弟翊，遣所乞二虎贲护俘献行宫，斩于建康市。"

案：渔梁驿之战，苗傅、苗翊并未成擒，碑文及《十将传》均误。

己亥，苗翊既降复变，嗣复为其裨将江池所擒，降于周望。

《要录》卷二十三："己亥，苗翊率众出降，未解甲，复用其将孟皋计，欲遁之温、台，裨将江池闻之，杀皋、擒翊，降于制置使周望。其众皆解甲。"

苗傅收馀众入崇安县，乔仲福、王德追击之，尽降其众。

《中兴小历》卷六："有举子程妥者，崇安人，时携在傅军，乃为傅画策，领馀众由小路入崇安县境。"

《要录》卷二十三："有举子程妥者，……为傅谋，与苗瑀、张逵收馀兵入崇安县，统制官乔仲福、王德共追之，尽降其众，傅夜脱身去。"

壬寅，诏班师。

《要录》卷二十三："壬寅，诏诸将班师，以刘正彦、苗翊就擒故也。"

公班师过富沙，福建提刑林杞生擒苗傅来献。遂槛傅赴行在。

《中兴小历》卷六："（苗傅）既又夜弃其军，变姓名作贾人，偕妥及其爱将张政西走，至敛锋村，为土豪承节郎詹标所邀，苟留数日，政觉不免，密告标曰：'此苗傅也。'标即报福建提刑林杞，遂闻于朝。"

《要录》卷二十三："傅夜脱身去，变姓名为商人，与其爱将张政亡之建阳县，土豪承节郎詹标觉而邀之，留连数日，政知不免，密告标曰：'此苗傅也。'标执以告南剑州同巡检吕熙，熙以赴福建提点刑狱公事林杞，杞惧政分其功，与熙谋，使护兵杀政崇善境上，自以傅追世忠授之，遂槛赴行在。（"绍兴四年六月二十四日，刑部状：勘当吕熙元系南剑州同巡检，据统制詹标申：'搜寻四山，见三人从庙山奔下。内一人是税户陆安，来报被贼拿掳去。内二人系张政、苗傅。'押至提刑林杞处出头，内张政言冤屈事：'政是徒中反告三人，有金牌子与程十一郎，托他去告官。'林杞为见张政称是告捉苗傅之人，有碍自己功赏，问吕熙道：'张政是苗傅使臣，只道他捉得苗傅，若送去韩世忠处，坏了我。待杀了如何？'吕熙道：'可乘虚作缓急。令人取首级到建安县界安泊，关报张瑀将兵来取苗傅。'林杞向吕熙道：'张政如何？'吕熙道：'因此急难取首级。'林杞言'好'，吕熙向邱万、严景用刀将张政砍下首级。"此《日历》所书也。）"

《中兴小历》卷六引《林杞遗事》："苗傅、刘正彦既败，拥众南走，大将韩世忠尾贼而追之。时杞为闽宪，恐贼至得脱，预檄诸郡扼其奔冲。既而正彦先为大军所擒，傅与其徒数人变姓名窜伏，人莫能踪迹，杞立重赏捕之。俄而幕士詹标擒傅与其徒张政以至，是时世忠已班师，由太未（？）以归，杞冒暑亲部送傅、政，欲追赴世忠，至富沙境上，会日暮大雨，政乘此谋窜去，为护兵所杀，杞独以傅追及世忠授之，世忠得傅，喜曰：'今当还朝，首为公论功。'杞曰：'此非某之本心，况太尉自浙右提师破贼而追至，某借大军馀威获之，匹夫力耳，何功可论。'"

孙觌《鸿庆居士集》卷三二《代刘节使跋御笔手诏》："建炎三年春，临安叛臣苗傅、刘正彦伏阙称乱，惧罪而逃，臣从韩世忠奉诏追捕，至建安，手擒二叛，槛而上诸朝，蒙恩奖擢，超进位等。……"

七月初五日，公还至建康，斩苗、刘诸人于市。

《要录》卷二十五："秋七月，辛巳，韩世忠军还，执苗傅、刘正彦、苗翊诣都堂，审验毕，磔于建康市，枭其首。正彦临刑，瞋目骂傅曰：'苗傅匹夫，不用吾言，遂至于此。'"

《忠武王碑》："护俘献行宫，斩于建康市。"

《十将传》："擒正彦及傅弟翊，傅之建阳，寻被擒，皆伏诛于建康。"

除武胜、昭庆军节度使，御书"忠勇"二字以赐。并封夫人梁氏为护国夫人。

汪藻《浮溪集》卷十一《韩世忠除两镇节度使制》："提貔虎以振天威，采入山川之阻；取鲸鲵而摅国愤，永为宗社之休。既执讯以来归，宜酬勋于不次。肆颁明命，敷告治朝。具官某：事上朴忠，临机英果，禀刚故俗，甘、陈兼六郡之良；决胜重围，飞、羽有万人之敌。蚤备师干之试，旋膺斋钺之除。岂惟蹇蹇以匪躬，每见多多而益善。昨属时巡之邍，因成国步之艰。群小窥朝，元凶干纪。既罪人之未得，斯王旅以徂征。迎敌鼓行，靡待前茅之侦；擒囚归报，遂成独柳之诛。华夷由此以知威，天地为之而卷祲。凯歌一奏，盟府交书。是用取累朝最盛之规，加两镇久虚之幄，视班亚保，升爵元侯。增邑食于爰田，衍井腴于真赋。并为异数，用表元勋。于戏，见无礼于君，尔既殚于忠荩；归饮至于庙，我何爱于宠褒。惟功名烈士之始终，惟爵禄有邦之劝沮。尚图后效，更掩前休。"

《要录》卷二十五："癸未，武胜军节度使、御前左军都统制韩世忠为检校少保、武胜昭庆军节度使。赏平苗、刘之功也。上遣使赐世忠金合，且御书'忠勇'二字表其旗帜。又封其妻梁氏为护国夫人，制曰：'智略之优，无愧前史。'给内中俸以宠之。将臣兼两镇，功臣妻给俸，皆自此始。"

《忠武王碑》："师还至蒋山，太上遣中贵人赐金合茶药，并御书'忠勇'二字表王旗帜。诏曰：'余杭之难，卿首奋忠勇，已破凶逆，朕之复辟，惟卿之功。'除检校少保、武胜昭庆军节度使、御前左军都统制。杨国自硕人超封国夫人，制曰：'智略之优，无愧前史；给内中俸，以示报焉。'功臣妻给俸，自杨国始。"

  案：韩氏本为"御营左军都统制"，今兹改为"御前"者，《要录》著其事由云："除辛企宗为御营使司都统制，韩世忠、张俊皆不服，乃命世忠、俊改'御营'为'御前'。"

建康府守臣连南夫缓不及事，公躬率使臣逐之。

  《要录》卷二十五："七月庚子，尚书户部侍郎……汤东野试工部侍郎，兼知建康府。时建康寓治保宁僧舍，而浙江制置使韩世忠屯蒋山，逐守臣显谟阁直学士连南夫而夺其治寺。殿中侍御史赵鼎言：'南夫缓不及事固可罪，然世忠躬率使臣，排闼而入，逐天子之京尹，此而可为，无不可为者矣。愿下诏切责世忠而罢南夫，仍治其使臣之先入者，此为两得。'上曰：'唐肃宗兴灵武，诸军草创，得一李勉然后朝廷尊，今朕得卿，无愧昔人矣。'乃降南夫知桂州，而以东野知建康府。"

闰八月丁亥，以金兀朮入寇，高宗召诸将议移跸之地，公主守江淮，遂以公为浙西制置使，守镇江。

  《要录》卷二十七："闰八月丁亥，上召诸将，问以移跸之地，御前右军都统制张俊、御营都统制辛企宗劝上自岳、鄂幸长沙，左军都统制韩世忠后至，曰：'国家已失河北、山东，若又弃江淮，更有何地？'上乃命内侍押三人赴都堂议。上闻俊等退避之说殊怫然，至晚不食。戊子，吕颐浩等入对，上谓曰：'俊、企宗不敢战，故欲避于湖南。朕以为金人所恃者骑众耳，浙西水乡，骑虽众，不得骋也。且人心一摇，虽至川广，恐所至皆敌国耳。……张守入对，言不如留杜充建康，不可过江。'颐浩曰：'臣与王绹、周望、韩世忠议，本自如此。'上又欲令世忠守镇江府，刘光世守太平及池州，颐浩等以为然，防淮之议遂格。

"辛卯，命尚书右仆射杜充兼江淮宣抚使，领行营之众十馀万守建康，留中书印付充。……御前左军统制韩世忠为浙西制置使。"

綦崇礼《北海集》卷二《韩世忠可除西路制置使、应沿江防守战守备御之事并听节制、依旧镇江府驻扎制》："敕：控长江而作镇，既先十乘之行；护诸将以临屯，兹属三军之帅。爰加使号，用壮军容。具官某：沉毅有谋，骁勇无匹。临机而出方略，弗资金版之书；定乱而事干戈，曷取毛锥之用。奋身边塞，宣力颜行。勇盖北方，夜捣全师之坚垒；勋高南土，生俘同恶之逋囚。乃视秩于三孤，仍兼荣于双节。属当备险，方俾移军。列成江津，实倚长城之重；分釐浙部，宜归大将之权。遂权节制之雄，庶一师徒之志。临淮号令，觉士气之增新；道济威名，想敌人之严惮。宽予忧顾，勉尔成功。可。"

《十将传》："（建炎）三年，上召诸将议移跸，张俊、辛企宗请往湖南，世忠曰：'淮浙富饶，今根本地，讵可舍而之他？况人心怀疑，一有退避，则不肖者思乱，重湖闽岭之遥，安保其道路无变乎。淮江当留兵为守，车驾当分兵为卫，约今十万人，分半扈江淮，上下止馀五万，可保其防守无患乎？……

"兀朮将入寇，上召诸将问驻跸之地，张俊、辛企宗劝上自鄂、岳幸长沙，世忠曰：'国家已失河北、山东，又弃江淮，更有何地？'上于是以世忠为浙西制置使，守镇江。"

案：上引《十将传》两段文字，其前段在明受事变之前，后段在既平苗、刘之后，似此则是建炎三年春秋二季凡有两次议移跸之事，细考之实误。韩氏于建炎二年冬受命赴东平迎敌金人，其后兵败沭阳，将兵多所散失，迄于明受之变，始终未在高宗左右，则春日断无参与议移跸之事。且所记二次与议之人均相同，各人之拟议亦无少异，则原为一次之讨论，更自可见。今将两段文字毕录于此，庶不失实。

《忠武王碑》："兀朮入寇，车驾复幸临安，命杜充以尚书右仆射守建康，王守镇江，兼制海道。"

壬寅，高宗发建康，幸浙西。

《要录》卷二十七："壬寅，上幸浙西。是日，上发建康。……时刘光世、韩世忠各持重兵，畏杜充严峻，论说纷纭。……时江浙人皆倚充为重，而充日事诛杀，殊无制御之方，议者为之寒心焉。"

九月丙午朔，辅臣议以公为两浙江淮守御使，兼隶镇江至苏、常界诸要害，高宗恐其与杜充争衡，不许。

《要录》卷二十八："九月丙午朔，上幸登云门外阅水军，时谍报金人陷登、莱、密州，且于梁山泊造舟，恐由海道以窥江浙。初，命杜充居建康尽护诸将，至是，辅臣言'建康至杭州千里，至明、越又数百里，缓急禀命，恐失事机，请以左军都统制韩世忠充两浙、江、淮守御使，自镇江至苏、常界圌山、福山诸要害处悉以隶之'。上曰：'未可。此曹少能深识义理，若权势稍盛，将来必与杜充争衡。止令兼圌山足矣。'"

十一月甲子，金人渡江南下，公悉装所储于海舟，引之江阴。

《要录》卷二十九："十一月甲子，陈淬与完颜宗弼遇于马家渡，……淬孤军力不能敌，还屯蒋山。……统赤心队朝请郎刘晏以所部走常州，浙西制置使韩世忠在镇江，悉所储之资，尽装海舶，焚其城郭。既闻敌南渡，即引舟之江阴，知江阴军胡纺厚待之。……是日，有归朝官自寿阳来报金人数道并进，已自采石济江。……午间得周望奏，且录杜充书，言充在采石防江，朝廷稍安，然不知充已败矣。

"上未知世忠弃镇江去，命追世忠赴行在，又欲令移军常州。吕颐浩请以御笔召之，上曰：'朕与世忠约坚守，令闻急乃来。'颐浩固请，遂遣中书赍诏召之。"

《十将传》："既而兀朮分道渡江，诸屯皆败，世忠亦自镇江退保江阴。"

十二月，公大治战舰于通惠镇，欲俟金人之归邀击之。

《要录》卷三十："十二月丙申，浙西制置使韩世忠以前军驻通惠镇（《日历》作青龙镇。镇，此时已改名通惠，绍兴元年九月甲戌方复旧名，史误也）。中军驻江湾，后军驻海口。世忠知金人不能久，大治战舰，俟其归而击之。"

● 建炎四年庚戌（1130） 金天会八年 四十二岁

正月，公图上方略，请以舟师往镇江邀敌归师，高宗从之。

《要录》卷三十一："建炎四年春正月甲辰朔，大风，御舟碇海中。

"丙午，早，上御舟次章安镇。……初，上遣中使召御前左军都统制、浙西制置使韩世忠赴行在，世忠已治舟师于通惠镇，乃请往镇江邀敌归师，尽死一战，上从之。"

《中兴小历》卷八："建炎四年春正月甲辰朔，诏浙西制置使韩世忠赴行在，世忠言见驻华亭江湾，愿将所部全军往升、润，邀金人归路，尽死一战。丙午，诏从之。"

《十将传》："上召之至行在所，奏方留江上截虏归师，尽死一战。上谓辅臣曰：'吕颐浩比在会稽尝建此策，世忠不谋而同。'赐亲札，听其留。"

张守《毗陵集》卷九《赐两浙制置使韩世忠诏》："迩者金人南渡，遽陷建康，复遣偏师，径趋杭越，朕以宗社之重，暂避其锋。然念敌人劳师深入，冒犯阻险，残暴无厌，殆天亡之时也。比在会稽，吕颐浩献议：欲会京口，邀截归路，以为永图。方须卿来，讲究利害，遽览来奏及图上方略，实契朕怀。惟卿忠愤之诚，谋虑之审，千里之外，不谋而同，载观规图，深所嘉叹。倘能投机，一战取胜，则中兴宋祚，惟卿之功；不次之赏，朕不敢靳。凡获贼所有资财玉帛，尽予将士。已令降空名告札二百道，用资激赏，及助军需。勉践尔言，以副期待。故兹诏示，想宜知悉。"

十五日，于秀州张灯高会，遂引兵趋镇江。

《要录》卷三十一："戊午，是日上元节，韩世忠在秀州取民间子女张灯高会，既遂引兵之镇江。"

《十将传》："正月望日，就秀州张灯高会，忽引兵趋镇江。及虏至，则我军已先屯焦山寺矣。"

二月，兀朮弃临安北去。

《中兴小历》卷八："二月丙戌，金元帅兀朮尚据临安，闻浙西制置使韩世忠自江阴复趋镇江，恐邀其后。丁亥，兀朮遽引众杀掠而去。纵火城中，数日方灭。"

三月至四月，与敌相持于黄天荡凡四十八日，屡破之。

《十将传》："虏将李选降，受之。兀朮遣使通问，约日大战，许之。战将十合，梁夫人亲执桴鼓，虏终不得渡。愿尽归所掠假道，不听。请以名马献，又不听。挞辣在潍州，遣孛堇太一趋淮东以援兀朮，世忠与二酋相持黄天荡者四十八日。太乙孛堇军江北，兀朮军江南，世忠以海舰进泊金山下，预以长铁绠贯大钩，授士之骁健者。明日，虏舟谋而前，世忠分海舟为两道，出虏舟之背，每缒以绠，则曳一舟以沉之。兀朮穷蹙，求会语，祈请甚哀，世忠曰：'还我两宫，复我疆土，则可以相全。'兀朮语塞。又数日，求再会,言不逊,世忠引弓欲射之,亟驰去,谓诸将曰:'南军使船如使马,奈何?'募人献所以破舟之策。闽人王某者,教兀术舟中载土,平板铺之,穴船板以櫂桨,风息则出江,有风则勿出。海舟无风不可动也。又有献谋于兀术曰:'凿大渠接江口,则在世忠上流。'兀术一夕潜凿河三十里,且用方士计,刑白马,剔妇人心,自割其额祭天。次日风止。我军帆弱不能运,兀术以小舟纵火,箭下如雨,孙世询、严允皆力战死,兀术得绝江遁去,世忠收馀军回镇江。初,世忠谓兀术至必登金山庙观我虚实,乃遣二百兵伏庙中,二百兵伏岸浒,约闻鼓声,岸兵先入,庙兵合击之。兀术果五骑闯入,庙兵喜,先鼓而出,仅得二人,逸其三,中有绛袍既坠而复驰者,诘之,即兀术也。是役也,兀术之兵号十万,世忠所有仅八千馀人,上六赐札,褒奖甚宠。"

《忠武王碑》:"兀术闻王在京口,遽勒三十万骑北还。王即奏'愿留江上剿除,使绝南牧之患'。遂提兵截大江以邀之。先降其将铁爪鹰李选,太上赐札曰:'比在会稽,吕颐浩献议,欲会兵京口,邀截归路;遽览来奏,及图上方略,实契朕怀,惟卿忠愤之诚,谋虑之审,千里之外,不谋而同。载观规图,深所嘉叹。今以获贼资财物帛,尽与将士,并降空名诰札二百道,用资激赏。'

"兀术遣使通问,王亦遣使臣石皋报之,约日会战,战数十百合,兀术终不得渡。复使致词,愿还所掠假道,不听;请益以名马,又不听。兀术乃益兵仪真,势接建康,兀术军于南,挞辣军于北,王提海舰中流南北接战,相持黄天荡四十有八日。兀术窘甚,求打话,王酬答如响,时于佩金凤瓶传酒纵饮示之,兀术见王整暇,色益沮,乃祈假道甚哀,王曰:'是不难,但迎还两宫,复旧疆土,归报明主,足相全也。'兀术语塞。又数日,求登岸会语,王以二人从,见之,复伸前恳而言不顺,王怒且骂,引弓将射之,亟驰去。

"兀术自知力惫粮竭,久或生变,而王舟师中流鼓枻,飘忽若神,凡古渡津口,又皆以八面控扼,生路垂绝,乃一夕潜凿小河三十里，自建康城外属之江，以通漕渠。刑白马，剔妇人心，兀朮自割其额，祭天，幸风涛少休，窃载而逃。王谍知其谋，悉舟师督战，会风弱帆缓，虏得以轻舸渡去。土人称为番人河，其后秦桧主和，更名新开河云。

"先是，王治兵镇江，尝曰：'是间形势无如金山龙王庙者，虏必登此观我虚实。'乃遣偏将苏德以二百人伏庙中，又遣二百人伏岸下，约曰：'闻鼓声，岸兵先出，庙兵继出。'数日虏至，果有五骑趋入庙，庙中之伏兵喜，先鼓而出，五骑振策以驰，仅得其二，有一人红袍白马，既坠，复跳驰而脱。诘二人者，云即兀朮也。

"是举也，兀朮仅以身免，俘获杀伤者不可胜计。所遗辎重山积，所掠男女获免者不知数。又获龙虎大王舟千馀艘。

"捷闻，太上赐札曰：'卿比统帅舟师，邀击虏寇，忠勇之节，远近所闻，相拒大江，殆弥两月，杀伤莫计，俘获良多。所有已立功人，早以功状来上，当优与推恩。'

"又札曰：'胡马饮江，大肆残虐，卿感激思奋，慷慨自期。独提全军，往邀归路。将士用命，水陆齐攻。捷音遽闻，杀获甚众。言念忠劳，不忘嘉叹。'"

《北盟会编》卷一三八："建炎四年四月二十五日丙申，韩世忠与兀朮再战于江中，为兀朮所败，孙世询、严永吉皆战死。——金人在建康，韩世忠以海船扼于江中，乘风使篷，往来如飞。兀朮谓将韩常曰：'南人使船如使马，何以破之？'韩常曰：'虽然，见常军则自遁矣。'兀朮令常以舟师犯之，多没。常见兀朮，伏地请死，兀朮贷之。乃揭榜立赏，许献所以破海船之策。有福州百姓姓王人，侨居建康，开米铺为生，见榜有希赏之心，乃教兀朮以舟中载土，以平板铺之，穴船板以櫂桨，俟无风则出江，有风则不出。海船无风不可动也。以火箭射其篛篷，则不攻自破矣。兀朮信之，一夜造火箭成，以丙申出江，櫂桨行舟，其疾如飞。天霁无风，丽日赫天，海船皆不能动，金人以火箭射篷则火起。世忠海船本备水陆之战，人皆全装，马皆铁面皮甲，每船有兵，有马，有老少，有粮食，有辎重，无风不能行，火烘日爆，人乱而呼，马惊而嘶，被焚而堕江者不可胜计。远望江中，层层皆火，火船蔽江而下，金人鼓櫂以轻舟追击之，金鼓之声，震动天地，世忠败散，孙世询、严永吉皆力战而死。兀朮既胜，欲之建康府谋北归，而世忠海船扼于江中，不得去，或献谋于金人曰：'江水方涨，宜于芦阳地开掘河二十馀里，上接江口，舟出江背，皆世忠之上流矣。'兀朮信之，乃命掘河，一夜河成，次日早出舟，世忠大惊，金人悉趋建康，世忠尾袭之而已。

"初，长芦崇福禅院行者普伦、普瓒，普瓒结集行者及强壮百姓千馀人，分为三队，在杨家洲上自相守保，世忠尝约普伦等为策应。至是，普伦、普璡、普瓒率其众千馀人，驾小舟千馀艘，皆裹红巾，立红帜，来策应。至长芦，遇世忠海船狼狈而来，金人至长芦亦回，世忠与馀兵至瓜步弃舟而陆，奔还镇江聚兵。沿江避走之人，往往取其舟中粮食，或有得银绢钱物者。"

《中兴小历》卷八："夏四月癸丑，上至越州，驻跸州治。兀朮回至镇江，而浙西制置使韩世忠已提兵驻扬子江焦山以邀之。左仆射吕颐浩请驾幸浙西，下诏亲征以为先声，亟命锐兵策应世忠，庶擒兀朮，此一奇也。参知政事王绚亦请遣兵与世忠夹击。甲申，乃下诏亲征。中丞赵鼎以为平江残破最酷，人心不乐是行，即奏曰：'臣在温、台，屡言当俟浙西宁静及建康之寇尽渡江，然后回跸。今遽有此举，必以韩世忠之报敌骑穷蹙可以剪除耳，万一所报不实，及建康之众未退，或回戈冲突，何以待之？……'

"时敌众百万，世忠战士才八千。兀朮遣使与世忠约日合战，世忠募海船百十艘进泊金山下，仍立一旗，书姓名于上，敌望见大笑曰：'此吾几上肉耳。'世忠预命工锻铁相联为长绠，贯一大钩，遍授诸军之强健者。平旦，敌以千舟噪而前。比合战，世忠分海船为两道，出其背。每缒一绠，则曳一舟而入，敌不得去，复遣使愿还所掠及献马五千，世忠不听，曰：'只留下兀尤乃可去。'时挞辣所遣之兵在仪真，江之南北两岸皆敌众，而世忠据中流与之相持，知扬州张绩亦命偏帅控扼要处，与世忠为援。兀尤闭门不敢出，乃即城之西南隅凿渠三十里，欲潜师渡建康，而地势高，潮不应，金之在仪真者又于城外凿大渠三十里属之江以通漕。兀尤刑白马，杀妇人，自刃其额以祭天，幸风涛之息，使载以逃。世忠谍知之，悉师督战，而风弱帆缓，我师不利，统制官孙世询、严永吉死之，所掠金人又为夺去，金以轻骑绝江而遁。世忠曰：'穷寇勿追，使去。'先是，世忠视镇江形势无如龙王庙者，敌来必登此望我虚实，因遣将苏德以二百卒伏庙中，又遣二百卒伏江岸，遣人于江中望之，戒曰：'闻江中鼓声，岸下人先入，庙中人又出。'数日敌至，果有五骑至龙王庙，庙中之伏闻声而出，左骑者振策以驰，仅得其二。有人红袍白马，既坠乃跳驰而脱，诘二人者，云则兀尤也。是举也，俘获杀伤甚众，金所遗辎重山积。又得龙虎大王舟十馀艘。龙虎大王者，乃伪封王爵而监龙虎军，兀尤之婿也。"

《墓志铭》："建炎三年冬，金人合诸种数万骑，绝淮泝江，鼓行而南，如践无人之境，一时将吏望风逃散，窜伏草莽间，无一人敢婴其锋者。当是时，太师、镇南武安宁国军节度使、咸安王韩公，以两浙西路制置使，提孤军驻扬子之焦山，募海舶百馀艘，具糇粮，治器械，进泊金山下，连舻相衔为圜阵，东向邀其归路，植一帜，书姓名表其上。金人望见，大笑曰：'此吾机上肉耳。'平旦，拥千舟噪而前。先是，公命工锻铁相联为长绠，贯一大钩，遍授诸军之伉健强有力者。比合战，分蛮舶为两道，出其背，每绾一绠则曳一舟而入，大酋立万马江上，锐为救，熟视躁扰，莫能进一步。曾不逾时，掩获数百舟几尽，遂大败，闭壁不敢复出。已乃并治城西南隅，凿一大渠亘三十里，欲潜师度建康，而地势高仰，潮不应，一日，乘南风纵火，千馀栧抗吾师，破巨浪，冒百死，趋瓜洲渡。公曰：'穷寇勿追。'纵使去。于是录俘囚，束之沉江中，金帛尽分麾下,赆遣吾人之被系执者,书妇女州里姓氏揭诸道,以访其家,然后献捷行在所。是后两淮交兵,伏尸流血,千有馀里,而虏人卒不能饮一马于江者,繄公扬子一战之捷也。……四年,金山捷书至,除检校少师,改武威、感德军节度使。制曰:'屯兵要害,邀击其归,大振军声,杀伤过当,犬羊震叠,知国有人。'至今天下诵之。"

　　案:黄天荡之役在建炎四年夏,《墓志》系三年,误也。

《毗陵集》卷九《赐两浙制置使韩世忠诏》:"卿比统帅舟师,邀击敌寇,忠勇之节,远近所闻。相距大江,殆将两月。杀伤莫计,俘馘良多。兹捷奏之屡闻,嘉茂勋之鲜俪。岂谓济师之失援,致鏖定乱之全功。然成败者天理之难知,而胜负亦兵家之常事。度尚所亡之少少,岂足介怀;淮阴益办于多多,尚观来效。卿其抚伤痍之众,上俘馘之功,以及战亡,并当赏赉。今差内侍某前去抚问,如欲便赴行在,即仰疾速起发前来。或且驻师江阴,休养士卒,即令下户部,行下所属应副钱粮。故兹示谕,想宜知悉。"

《要录》卷四十七:"绍兴元年九月戊午,观文殿学士提举临安府洞霄宫范宗尹落职,用侍御史沈与求奏也。与求言:'……去年敌骑将欲北归,韩世忠于大江中流以舟师邀击,臣僚数请号召上流舟师相为应援,宗尹坐视不恤,敌人果自上流乘风纵燎,而世忠孤军挫衄。……罪一也。'"

《鹤林玉露》卷二:"韩蕲王之夫人,京口娼也。……蕲王尝邀兀尤于黄天荡,几成擒矣,一夕凿河遁去。夫人奏疏言世忠失机纵敌,乞加罪责。举朝为之动色。其明智英伟如此。"

钱谦益《初学集》卷四四《韩蕲王墓碑记》:"……黄天荡之战,杨国在行间亲执桴鼓,史云'战将十合,梁夫人亲执桴鼓,金兵终不得渡'。罗大经《鹤林玉露》载兀尤凿河遁去,夫人奏疏言世忠失机纵敌,乞加罪责,举朝为之动色。而碑及史皆不载,为蕲王讳也。"

案：梁夫人奏劾韩氏失机纵敌事，仅见于《鹤林玉露》。《神道碑》、《墓志铭》、《南渡十将传》及《宋史》韩氏本传之不载，或可依钱牧斋之说而以"为蕲王讳"解之；但《中兴遗史》、《北盟会编》、《中兴小历》、《系年要录》等书中，亦无一略道其事者，则为钱氏之说所不能解矣。因疑此事本属子虚，《鹤林玉露》云云盖原出于传闻之误，罗氏亦漫尔记之而未加深察也。

五月，诏以白金三万两犒公部属。

《要录》卷三三："五月癸丑，诏户部赐韩世忠白金三万两为犒军之用。"

六月戊寅，诏改御前五军为神武军、御营五军为神武副军。

《要录》卷三十四："六月戊寅，诏御前五军改为神武军、御营五军改为神武副军，其将佐并属枢密院。"

庚寅，诏公以所部赴行在。

同书同卷："庚寅，诏浙西制置使韩世忠以所部赴行在。"

七月丁巳，罢浙西制置。

《要录》卷三十五："诏浙西制置使韩世忠、浙西江东制置使张俊，并罢。以本路安抚大使刘光世言'兵火凋敝之馀，不任三处节制呼索'故也。"

纳茆氏为室，当在此时。

俞樾《茶香室续钞》卷五《吕小小》条："宋胡舜申《己酉避难录》云：'杭妓吕小小以有罪系狱，其家欲脱之，投〔韩〕世忠，世忠偶赴待制饮，因劝酒，启曰：某有小事告待制，若从所请,当饮巨觥。待制请言之,即以此妓为恳。待制为破械。世忠欣跃,连饮数觥。会散,携妓归。妓后易姓茅。'按,余于《丛钞》卷四记韩蕲王妻妾有秦国夫人茅氏,今得此条,知茅夫人实吕小小也。因补录之。所谓待制者,即舜申之兄舜陟,字汝明,据其裔孙培翚所撰年谱,曾官徽猷阁待制。"

案:胡舜申《己酉避难录》今未见,俞氏所引当不至有误。查《咸淳临安志》卷四七《秩官》五《古今郡守表》载:胡舜陟于建炎四年六月戊寅以徽猷阁待制知临安府,八月即以忧去。必其在临安守任之时,方有权可释吕小小之狱,则其事必当在韩氏受诏率所部抵行在之后也。

八月丁丑,录守江之劳,除检校少师,易镇武成、感德二军。

《浮溪集》卷十一《韩世忠起复检校少师武成感德军节度使制》:"朕遭百六艰危之后,赖二三枭俊之臣。跪推毂而遣将军,守境既腾于戎捷;歌出车而劳还帅,酬勋敢废于邦彝。爰锡赞书,用孚群听。具官某:勇闻天下,气盖关中。堂堂将种之英,凛凛军锋之冠。行己恭而事上敬,蚤服周行;临机果而料敌明,屡扬伟绩。昨属交侵之警,俾屯要害之区。蓄锐以须,鼓儳而击,纵精兵于数路,若珠走盘;挤劲敌于长江,如杵投臼。坐以中坚之整,成兹南纪之安。威行而海内息肩,师胜而国人属目。是用兼隆徽数,特表肤功。出拥齐旟,易两镇提封之大;入乘夏篆,视三孤绝等之崇。申衍采封,陪敦井赋。以永旂常之载,以昭帷幄之成。于戏,武能威敌者,将帅之荣;赏不逾时者,人君之信。惟忠力可以任安危之重,惟谦冲可以保富贵之终。勉图而休,毋废朕命。"

《要录》卷三十六:"八月丁丑,起复检校少保、武胜定国军节度使、神武左军都统制韩世忠迁检校少师、易镇武成感德,始录守江之劳也。翌日,上谕大臣曰:'世忠不亲文墨,朕方手写《郭子仪传》，欲付卿等呼诸将读示之。'"

《忠武王碑》："未几，除检校少师、武成感德军节度使、神武左军都统制。"

《十将传》："还朝，拜检校少保、武成感德军节度使、神武左军都统制。"

案：韩氏于黄天荡战功之前即拜检校少保，及兹还朝，除拜检校少师，《十将传》仍谓拜检校少保，误。

九月，进高马于高宗，未纳；夫人梁氏请支积俸，诏特许支与。

《要录》卷三十七："九月己未，上曰：'昨韩世忠进一马，高五尺一寸，云非人臣所敢乘，朕答以九重之中，未尝出入，何所用之，卿可自留，以为战备。'"

"时世忠妻和国夫人梁氏言积俸未支，三省奏：'近惟隆祐皇太后殿下所积供奉物计直供支，潘贤妃勘请已不给。'上曰：'将帅朕所委用，当厚恤其家，可特予之。馀人毋得援例。'"

《宋会要》俸禄类："（建炎四年）九月二十日，诏支韩世忠和国夫人梁氏自去年九月积下请给。三省检会：'近有旨：特支隆祐皇太后殿积下供奉物。已估价支给。馀人不得援例。继有贤妃位亦乞勘请，已降旨不给。'上曰：'朕妃嫔所请，可以不给。如将帅，朕所委用，当厚恤其家，可特支与。馀人不得援例。'"（职官门卷五七之六五）

朝议屡欲遣公以所部讨剧盗李成，不果行。

《要录》卷三十八："建炎四年冬十月丙申，范宗尹等进呈江东探报孔彦威、李成人马，宗尹曰：'臣等商量：将来万一移跸，欲令韩世忠屯饶州，张俊留越州，相为声援。'上曰：'朕日夕念此，未尝忘怀。世忠兵少，与李成相拒，万一决战，少有败衄，国威愈挫。朕欲留世忠浙东，此人忠勇，不畏金人，敢与之战，使张俊以五千精骑策应之，恐能成功。来春事定，朕亲督诸军，巡幸江东，虽过淮南，亦所不惮。平此二寇不难也。'"

同书卷三十九："十一月甲子，建康府路安抚大使吕颐浩乞益兵讨李成，……范宗尹曰：'颐浩意欲更得韩世忠为助。'上曰：'若遣世忠提全军往，破贼有馀力；但敌骑尚在江北，未可遽行。'李回曰：'成敢拥众跨江跳梁，正倚金人南犯，朝廷不能遣发大兵。若陛下亲帅六师，移跸饶、信间，则成破胆矣。'上曰：'朕日夜念此不少置，决意须亲往。俟敌骑稍北，遣世忠先行，朕继总兵临之，先以赏招携其众，许归自新，则成必易擒。亦不欲多杀士众也。'"

同书卷四十："十有二月丙戌，同知枢密院事李回进呈诸路盗贼数，上谓回曰：'卿意如何？'回曰：'臣意欲治数渠魁。'上曰：'卿意甚善，……第治李成辈三两人可矣。'范宗尹曰：'俟更数日，江北探报稍定，便降车驾幸饶、信指挥，先遣韩世忠往，盗贼自须听命。'……

"乙未，神武右军都统制张俊为江南路招讨使，进解江州之围，且平群盗，事急速，特许便宜。时李成乘金人残乱之馀，据江淮六七州，连兵数万，有席卷东南之意，使其徒多为文书符谶，幻惑中外，朝廷患之。至是，闻金人不渡江，上乃止饶、信之行，范宗尹因请大将讨成，故有是命。"

《十将传》："杜充以建康降虏，兀术自广德陷临安，上幸浙东。世忠以前军驻青龙镇，中军驻江湾，后军驻海口，俟虏归邀击之。"

《忠武王碑》："王方治舟秀之青龙，无何，充以建康叛，降于兀术，兀术遂自建康取宣城，直至广德，径趋临安，车驾又幸四明，王闻之，亟以舟师赴难。"

● 高宗绍兴元年辛亥（1131） 金天会九年 四十三岁

四月，隆祐皇太后崩，以公与李回诸人共营攒殡事。

《要录》卷四十三："绍兴元年四月庚辰，隆祐皇太后崩于行宫之西殿，年五十九。

"甲申，同知枢密院事李回为攒宫总护使，刑部尚书胡直孺为桥道顿递使，神武左军都统制韩世忠为总管，内侍杨公弼为都监，调三衙神武辎重越州卒千二百人穿复土。"

六月，探报贼张琪犯临安境，诏公分兵三千往捕，琪已它去。

《要录》卷四十五："六月戊辰，初，张琪自襄安镇引兵渡江，遂犯建康府、太平、池州诸县（建炎四年），江东安抚大使司参谋官刘洪道招降之，复叛去。既而统制官韩世清、张俊会兵讨之，追至溧水县，其势穷蹙，遂受浙西安抚大使刘光世招安，然琪实无降意，已进兵掠吉安县。……

"乙亥，张琪犯宣州。琪自吉安引兵至临安境上，前一日报至，命神武左军都统制韩世忠分兵三千往捕之，而琪已去矣。"

七月戊子，为子亮请易文资。

《要录》卷四十六："七月戊子，神武左军都统制韩世忠请以明堂恩泽为子忠翊郎、阁门祗候亮易文资，许之。诸将以文资录子孙，盖自此始。"

十一月戊戌，以建州贼范汝为连破州郡，福建制置使用兵累月未能戡平，诏以公为福建江西湖南北路宣抚副使，与参知政事孟庚前往剿讨之。

《宋会要》讨叛类四："高宗建炎四年八月二十三日，臣僚言建

州有范汝为于吉阳啸聚。诏令程迈节制诸军，专一措置。"（兵门卷十之二四～二五）

《中兴小历》卷九："建炎四年六月辛卯，建州范汝为者，粗知书，其诸父以盗贩为事，而号黑龙、黑虎者尤善格斗，群不逞附焉，每数百人，负盐横行州境，官不能捕。有选人建阳江钿，老矣，郡守谓钿有谋，使摄令瓯宁以图二范，未几果擒之，皆毙于狱，其徒无所归，复依汝为。一日，因刃伤人至死，遂作乱（事在七月）。时方艰食，饥民从之者甚众，州兵战败，贼势滋盛。"

《要录》卷三十七："建炎四年九月辛酉，神武副都统制官李捧、统领官王民以所部合三千人，与建贼范汝为战，为所败，官军皆溃，捧等遁去，与其军相失。"

同书卷三十八："十月庚寅，遣朝散郎谢向措置福建民兵寨栅。时范汝为盗炽，官军多失利，故命向持金字牌往招之。"

《宋会要》讨叛类四："建炎四年十一月十一日，差神武副军都统制辛企宗将带一行官兵，前去建州收集抚定，二十三日，神武前军统制王璲言：'得旨带领全军人马并来信州，措置防托把隘。探报建州瓯宁县范汝为贼马几数万，已破建阳县，杀散军兵之后，聚集愈多，气焰益炽。信州与建阳北界相连，臣已差人赍公文旗榜并檄书，直入汝为所止溪洞，婉顺示以祸福，说谕招安。'"（兵门卷十之二五）

《要录》卷四十："十有二月丁酉，朝散郎措置福建兵民寨栅谢向言范汝为已受招。先是，神武副军都统制辛企宗驻邵武军，距贼洞二百馀里，时遣兵攻贼，为所败。有从事郎施逵者，邵武人，上舍高第，自颍昌府府学教授代还，以策干企宗，反为贼游说，而本路监司亦以招安为便，乃募国学内舍生叶招积往招之。至是，授汝为武翼郎、阁门祗候，充民兵都统领。其徒叶铁最骁健，亦以为忠翊郎，更名彻。招积补下州文学，而逵还承直郎。时汝为慕得官，且惧大军继至，故听命，然未肯散其徒。企宗驻军邵武军，不能制。"

《宋会要》讨叛类四:"十二月三十日,措置福建路民兵寨栅谢向等申范汝为已受招安。从事郎施逴、国学内舍进士叶招积说谕招安,首先率部将范擒虎等出寨,继而枢密〔院遣〕谢向等赍金字牌前去,内汝为补从义郎,第二名范积中补忠训郎,第三名叶格补忠翊郎。

"绍兴元年正月二十五日,诏范汝为令听辛企宗节制。"(兵门卷十之二五)

《要录》卷四十二:"绍兴元年二月己卯,淮康军承宣使、神武副军都统制辛企宗为福建路制置使。时剑南贼余汝霖、余胜等作乱,辅臣欲假辛企宗事权,故有是命。"

《要录》卷四十五:"绍兴元年六月丙戌,朝请郎谢向特迁朝散大夫,录招降范汝为之劳也。于是同措置官修职郎陆棠亦授承直郎,并令赴行在。棠,建安人也。

"是日,崇安民廖公昭聚众为盗,范汝为所部提辖官保义郎熊志宁召募枪杖手,声言往捕之,其意实欲为变。会神武中军统制官朱师闵以所部适至,志宁惧,遂散其众。丁亥,福建制置使辛企宗以闻。未几,建阳民丁朝佐作乱,志宁率射士以往,道与朝佐合,遂入建阳、崇安二县,官司不能制。"

《宋会要》(门类同前):"绍兴元年九月二十一日,诏辛企宗措置放散汝为徒党,民兵去后,经今半年,未见了当,令企宗措置放散不得迁延,具见统放散人数闻奏。以汝为见存留万人分屯把隘故也。

"十月四日,企宗〔奏〕汝为乞移军福州就粮,显见不遵圣旨,若不就机措置,恐误国事。诏企宗今系一路制置,令火急前来福州,依前后指挥措置,具已到福州日时闻奏。以枢密院言:'八月十一日已令企宗移军福州就粮,闻丁朝佐、熊志宁在建州浦城县界猖獗,企宗九月十七日尚在南剑州,似阙人弹压。自去年十一月企宗差往福建措置盗贼，续差充本路制置使，放散汝为徒党，至今半年馀，并未见了当。'诏依前迁延，不能措置，即当别行遣将前去。

"九日，监察御史福建路抚谕胡世将言范汝为昨受招安，节次已补修武郎、阁门祗候，已次首领等第补官了当，其汝为自就招安之后，心怀反侧，依前剽掠。诏官军杀获范汝为，与补汝为见带官职，杀获以次首领，亦与所获人见带名目。已有官资人，比附推恩。并其馀立功人，各等第优加赏典。徒中擒获汝为出首之人，特补武翼郎外，更与除一阁职。仍给降空名告一道，付宣抚司军前旌赏。"（兵门卷十之二五～二六）

《要录》卷四十八："冬十月丙寅。初，命福建制置使辛企宗移屯福州（八月壬午），而企宗留南剑州不进。吕颐浩闻之。是日，下堂札诘责企宗，仍令斟量贼势，如不措置，即具以闻，当别遣将。会范汝为请屯福州就粮，企宗惧得罪，乃言：'初受命招捉盗贼，已招捉过二十三万馀人，汝为原系谢向等统辖之人，已令陆棠说谕赴军前公参矣。'诏企宗系制置使，毋得分彼此，速往福州措置。

"壬午，诏建州顺阳村张毅特补保义郎，用枢密院请也。毅受李芘招安，屡与范汝为战，故官之。

"是日，福建民兵统领范汝为入建州。汝为据建安，众十馀万，至造黄红伞等，制置使辛企宗用兵连年，卒不能制。及是，汝为引兵入城，守臣直秘阁王浚明以下皆遁，贼遂举其城。

"癸巳，范汝为遣兵犯邵武军，守臣朝散郎吴必明、统制官阁门宣赞舍人江西兵马副都监李山率兵与战，众溃，退保光泽县，山遂走信州。（此据铅山县所申修入）。"

> 案：以上为追载范汝为作乱始末及官军措置剿除失败之经过。

同书卷四十九："十有一月戊戌，参知政事孟庾为福建江西荆湖宣抚使，神武左军都统制韩世忠副之。时朝廷犹未知范汝为据建州,而论者皆言神武副军都统制、福建制置使辛企宗懦怯玩寇,福建安抚使程迈等请改命将帅章四十三上,故更遣世忠自台州进。仍命世忠械招抚官朝散大夫谢向、承直郎陆棠赴行在(械二人之旨在此月庚子)。

"辛丑,诏孟庾、韩世忠,应官吏军兵一切事务,共为一司,不得辄分彼此。自范汝为外,馀皆与免罪,许令归业。"

王明清《挥麈后录》卷十一《孟富文为执政》条:"孟富文庾为户部侍郎,绍兴辛亥之岁,边鄙少宁,庙堂与一二从官共议,以谓不若乘时闲隙,分遣诸将削平诸路盗贼。其方张不易擒者,莫如闽之范汝为,乃以命韩世忠。而世忠在诸将虽号勇锐,然病其难制,或为州县之害,当选从官中有风力者一人置宣抚,使世忠副之以行,而在廷实艰其选,众乃谓孟人物既庞厚,且尝为韩所荐,首迁本部尚书遣之,又以为韩官已高,亦非尚书所能令,乃欲以为同签书,上意已定,……遂呕批出富文除参知政事。"

案:据《要录》,孟庾之除参政,事在本年冬月庚午,其后将及一月,方与韩氏同受福建等路宣抚使副除命。王氏谓其除参政即在受命赴闽讨贼之同时,稍有不合。但其所以与韩氏同受讨贼之命,其原因或当如王氏所云,因节录其文于上。

《忠武王碑》:"时剧盗数起闽中,荆湖震扰,朝廷为之出禁旅,遣辛企宗讨之,师老不能平,福帅程迈、监司侯憼等力请改命将帅,章四十三上,太上乃除王福建江西荆湖南北路宣抚,副参政孟庾以行。"

《十将传》:"建安范汝为反,朝廷遣辛企宗等讨捕未克,贼势愈炽,诏以世忠为福建江西湖南北路宣抚副使。"

《中兴小历》卷十一:"初,建寇范汝为未平,而本路制置使辛企宗握兵玩寇,一路骚然。诏以大理少卿朱宗为本路漕臣。宗,仙游人,绂子也。宗入对,言:'民困无聊,弄兵以延一旦之命,陛下第追还制置使,以此事付臣,可毋战而平也。'上诏宗行,而企

宗方议募兵,檄取钱粮数多,宗遗书责之曰:'公拥兵弥年,州县馈饷费百万,而责取未已,民在沟壑矣。公为则自为之。'

"初,诏企宗放散汝为之党,企宗乃奏汝为乞于福州就粮,不遵圣旨,遂诏企宗措画,而企宗怯懦不能制贼,反屯其众于建之城外。上乃擢吏部郎官胡世将为监察御史,往福建抚谕。世将既至,言汝为怀反侧,犹肆剽掠,而招抚官谢向、陆棠顾与贼通。亟捕向、棠与制置司属官施逵付狱。

"又枢密院计议官沙县张致远请归乡,因白宰执乞遣兵讨之,而知福州程迈亦请改命将臣。……左仆射吕颐浩建言:'先平内寇,然后可御外侮。'

"十一月戊戌,乃诏参知政事孟庾为福建江西湖南宣抚使,太尉、武成感(怀)[德]军节度使韩世忠副之,发大军,由台、温路先往福建,次赴馀路。仍罢企宗,以其军隶韩世忠。庾遂辟致远充随军机幕。既而世将奏谢向、陆棠及施逵皆械送行在。向、棠死于路,逵得以归罪二人,止从轻典,送远郡羁管,中途逸去。后改名宜生,窜入伪境。"

奏请以阎皋军帮同把截,并听节制。

《宋会要》(门类同前):"绍兴元年十一月十七日,福建等路宣抚使司言:'范汝为等见在建州,往来政和、松溪界上;熊志宁见在建阳县,往来浦城、崇安界上劫掠。本司大军前去福州,窃恐贼徒奔迸,侵犯邻近州军。今来阎皋见在建昌军,欲令进兵往光泽县或邵武军把截,仍乞听本司节制。'从之。"(兵门卷十之二六)

● **绍兴二年壬子(1132) 金天会十年 四十四岁**

春正月初四日,抵建州城下,围之。

《要录》卷五十一:"绍兴二年春正月(癸巳朔)丙申,福建江西荆湖宣抚副使韩世忠围建州。先是，世忠行，师至州，福守臣程迈以贼方锐，欲世忠少留以候元夕，世忠笑曰：'吾以元夕凯旋见公矣。'师次延平，剑潭湍险，贼焚桥以拒王师，世忠单马先浮以济，师遂济。距建宁百里许，范汝为已伐木埋竹，及布铁蒺藜、开陷马坑，以扼诸要路。世忠偃兵自间道急趋凤凰山，是日旦，至城下，遂围之。"

《忠武王碑》："径趣福唐，……福帅迎谒，且言贼方锐，宜少休以俟元夕，王笑曰：'吾以元夕凯旋见公矣。'因酌酒以别。师次延平，剑潭湍险，贼焚桥以拒我师，王策马先浮以济，师遂济，士气益倍。距建宁百里许，贼尽塞途路，埋巨木为鹿角，散布竹签、铁纤蒺藜、陷马坑，凡可以旅拒王师者，无不用其至。王即命诸军偃旗仆鼓，舍正路，俾各择便利，沿山堑溪，披践榛棘，遂达郡之凤凰山，绕出贼背，下瞰城邑，如在井底。"

《十将传》："次剑潭，桥焚，世忠策马先渡，师遂济。贼尽塞涂路拒王师，世忠命诸军偃旗仆鼓，径抵凤凰山，颓瞰城邑。"

初九日，克复建州城。范汝为自缢死。

《宋会要》讨叛类四："绍兴二年五月二十六日，福建江西荆湖南北路宣抚使韩世忠言：'得旨提领大兵，前来福建路收捕范汝为，正月四日卯时大兵到建州城下，攻城凡六日，破城。杀戮贼众三万人，生擒贼首张雄等五百馀人。其范汝为走入回源洞，穷迫自缢身死。其馀首领贼徒，或杀或招，已见尽静。"（兵门卷十之二六）

《中兴小历》卷十二："绍兴二年春正月，宣抚副使韩世忠围建城。辛丑夜，贼稍怠，官军梯而上，城遂破。杀贼众一万馀人。贼将叶谅以一军径走邵武，范汝为窜入回源洞，自缢死。世忠遣兵追捕，并贼骁将张雄等皆擒戮之。

"初，世忠意城中人皆附贼，欲尽杀之；至福州，见观文殿学士李纲，纲因曰：'建城百姓多无辜。'世忠受教，故民得全活。及师还,父老送之,请为建生祠,世忠曰:'活尔曹者,李相公也。'"

《忠武王碑》:"火楼巨石,天梯云梯,百道齐攻,汝为震怖,以谓从天而下。五日城陷。汝为窜身自焚回源洞中。

"又有陆必强、叶铁骨、陆必先、张弓手、熊致远等,皆号贼骁将,分兵四劫;而叶谅者别以一军再寇邵武,王悉擒斩之。

"凡杀贼众三万馀人,生擒魁首张熊等五百馀人。士人之附贼如施逵、谢向、陆棠等,皆械送行在所。乃令军人悉驻城上毋得下,植旗于城之三隅,令士民自相别,农者给牛谷使耕,商贾者弛征禁,为贼者使民得甘心,胁从者贷遣。建安之民自以为蒙更生,家立生祠,刻其事于石,至今奉香火惟谨。"

《十将传》:"设云梯、火楼等,连日夜并攻,贼震怖叵测,五日城陷,汝为窜身自焚,斩其弟岳、吉以徇。禽其谋主谢向、施逵及裨将陆必强等五百馀人。时绍兴元年九月也。世忠初欲尽诛建民,李纲自福州驰见世忠曰:'建州百姓多无辜。'世忠听之,遂下令军士驻城上毋得下,听士民自相别,农给牛谷,商贾弛征禁,真贼者杀,胁从者贷。民感更生,家立祠。"

案:范汝为之死,各书或谓自焚,或谓自缢,疑以韩氏所奏报作自缢者为是。

又《十将传》谓攻克建州事在绍兴元年九月,大误,其时韩氏犹未奉讨贼之命,安得先期奏功哉。

过福州别李纲,纲以旧赐战袍为赠,并赋诗识别。

《梁谿全集》卷二八《以旧赐战袍等赠韩少师二首》并序:"……某以罪戾忧患之馀,卧病江海,少师被命宣抚闽部,相见有故人恋恋之意。既而躬率将士,克复建城,讨荡群寇,一方宁谧。奏功凯旋,将复言别,随行有旧赐紧丝战袍、镂装松文剑、镀金银缠笴枪、金花团牌,山林病夫,无所用之,辄以为赠,愿持此为圣主折冲御侮,讨叛敌忾,建中兴之功,使衰病者增气,不其韪欤。

赋诗二章以识别，且见意云。绍兴壬子仲春晦，具官某序。胡骑当年犯帝阍，腐儒谬使护诸军。尚方宝剑频膺赐，御府戎衣幸见分。丈八蛇矛金缠筶，团栾兽盾绘成文。山林衰病浑无用，持赠君侯立大勋。旧钦忠勇冠三军，每一相逢更绝伦，铁马金戈睢水上，碧油红旆海山滨。气吞劲敌唐英卫，力破群凶汉禹恂。圣主中兴赖良将，好陪休运上麒麟。"

捷闻，有诏褒奖。

《十将传》："捷闻，诏褒之曰：'虽古名将何以加。'赐黄金器皿。"

《忠武王碑》："太上赐札曰：'省奏，范汝为已就灭亡，遂释朕南顾之忧。其馀畸零贼党并叶谅等，想已招捉。惟务随宜处置，勿留后患。'

"又札曰：'卿比执讯获丑，安靖一方，非特秋毫无犯，给耕夫之牛，使不失时，虽古名将，何以加诸。朕始闻此，喜而不寐。是惟威爱兼得，体我至仁，加惠斯民者也。卿之劳苦，实永朕怀。'"

十四日丙午，高宗至临安。

《要录》卷五十一："绍兴二年正月丙午，上至临安。"

公奏请乘胜扑灭江西、湖南群寇，诏从之。

《忠武王碑》："王遂条奏江西、湖南群寇，要须以时平定，乘胜扑灭，势如破竹。诏从之。"

《十将传》："世忠因奏江西、湖南寇贼尚多，乞乘胜平定，诏从之。乃二年三月也。"

嗣即移兵西向，讨湖南贼曹成、李宏、刘忠等。

《要录》卷五十二："三月乙未，江西安抚大使李回言，湖东名贼曹成在道州，马友潭州，李宏岳州，刘忠处潭、岳之间，虽时相攻击，其实闻二宣抚之来，阴相交结，分布一路，为互援之计。……今朝廷以岳飞知潭州，……有腹背受敌之患，不若且置成不问，先引兵往袁州，约友、宏、云讨刘忠，以俟二宣抚之来。……

"吕颐浩、秦桧进呈，因言'湖广大寇，曹成为首，马友、刘忠次之。……'上曰：'宣抚使兵到，必能平湖南诸寇，续次令转往湖北襄汉间，以通川陕。……'乃诏飞：'斟酌贼势，如未可进，且驻袁州，以俟世忠会兵。'……

"戊申，诏孟庾、韩世忠至荆湖日，应措置事务，合从本司施行，候将来班师，令李纲措置。庾初受命宣抚福建、江西、荆湖三路，而朝议恐曹成度岭，故命纲自闽广之长沙。庾言措置相妨，乃有是命。"

同书卷五十三："四月癸亥，诏神武前军左部统领申世景以千人屯福州。……时宣抚副使韩世忠移兵西去，……帅臣程迈以兵少为言，故有是命。"

受曹成之降于豫章江滨。

同书同卷："闰四月丙午，神武副军都统制岳飞败曹成于桂岭县，成拔寨遁去，……遂走连州，飞命前军统制张宪追之，成穷蹙，又走郴州，转入邵州，会福建江西荆湖宣抚使韩世忠既平闽盗，乃旋师永嘉，若将就休息者，而道处、信，径至豫章江滨，连营数十里，群贼不虞其至，大惊，以为神。世忠闻成屡败，遣神武左军提举事务官拱卫大夫贵州刺史董旼往招之，成以其众就招。……（曹成受韩世忠招安，诸书不见日月，案世忠以六月五日奏到，则必在五月半已前去，此盖阅月。今并附此，当考。）"

《忠武王碑》："王旋师永嘉，若将就休息者，已而道括苍、上饶，径至豫章江滨，连营数十里。贼不虞王之猝至，以为神，大惊,于是曹成、马友、李宏次第来降。王悉分配诸军,即日移师长沙。"

案:韩氏于豫章江滨仅招降曹成一人,李宏之降乃在既抵长沙之后,碑云在移师长沙之前,误也。

《十将传》:"时广西贼曹成拥馀众在郴郡,世忠既平闽寇,旋师永嘉,若将就休息,忽由处、信径至豫〔章〕,连营江滨数十里,群贼不虞其至,大惊。世忠遣人招成,成以其众就招,得战士八万人,发诣行在。遂师长沙。"

《中兴小历》卷十二:"绍兴二年二月,……初,福建等路安抚副使韩世忠统兵自江西入湖南,至是,曹成已入贺州,世忠遣提举官董旻驰往招之。"

六月朔日,李宏闻公将至长沙,遂袭杀马友,引兵入据潭州。

《要录》卷五十五:"绍兴二年六月庚寅朔,武功大夫、贵州团练使、新知复州李宏引兵入潭州,执湖东招抚使马友杀之。时韩世忠将至长沙,宏遂有杀友之谋。是日,因其诣天庆观还,袭杀之于市。其将王进、王俊以所部数千人遁去。宏屯潭州。(宏杀马友,赵甡之《遗史》在六月朔日,今从之。)"

朝廷闻岳飞已破曹成,乃下诏班师。

同书同卷:"戊戌,诏神武副军都统制岳飞以韩京、吴锡、吴全之众戍江州,朝廷闻曹成为岳飞所破,乃令孟庚班师,李纲径入潭州,而飞以所部之江州屯驻。时纲甫自邵武引兵三千之江西也。(熊克《小历》:"六月甲午,曹成自贺州至郴州。李纲遣使臣赍榜招之,成与其徒赴司参。于是李纲奏成已招,乃诏成自荣州团练加防御使。"《日历》,纲五月十七日所奏云:"本司已定六月五日进发,往邵武、建昌军等处,就近措置。"甲午即初六日,纲在福州,安得有此事也。详克所书"曹成已至郴州"及"遣使臣赍榜说谕",乃是江西福建荆湖宣抚使司奏状中语,其实孟庾、韩世忠所奏,以甲午至行在,而克误以为纲奏。且是时曹成亦未赴宣抚司。成三年五月丁丑始进荣防,克实甚误。)"

以平闽湘盗功,迁太尉。移屯建康府。并诏以亲兵赴行在。

同书同卷:"庚子,检校少师、武成感德军节度使、神武左军都统制、福建江西荆湖宣抚副使韩世忠,以平闽湘群盗功迁太尉,移屯建康府。恩数视执政。仍诏世忠以亲兵赴行在。"

《北海集》卷七《除韩世忠特授太尉、依前武成感德军节度使、神武左军都统制、福建江西荆湖南北路宣抚副使加食邑食实封制》:"门下:司勋等战功之目,别庶绩以称多;太尉掌武事之官,视群公而为重。朕若稽周典,参酌汉仪,肆酬良将之劳,用冠元戎之号,诞扬明命,敷告大庭。检校少师、武成感德军节度使、神武左军都统制、福建江西荆湖南北路宣抚副使、南阳郡开国侯、食邑二千户、食实封七百户韩世忠,鸷决有谋,骁雄无匹。驭军得士,优兼程李之能;临敌乘机,自合孙吴之法。身更百战,勇盖一时。积勋伐以居多,席宠名而加厚。昨属闽湘之扰,欲严斧钺之诛。受命不辞,俾副宣威之任;成功可必,果谐注意之求。航海道以济师,环贼巢而捣垒。神兵天下,恶党尽歼。殴狗鼠以无馀,抚方隅而悉定。捷书来上,旰食为宽。方奏凯以北旋,遂移军而西指。威声既震,叛众亦降。虽功不自言,益见贤能之节;而事当贵信,可忘懋赏之规。还九棘之上仪,假五兵之重柄,以侈有邦之典,以隆上将之权。增衍户封,陪敦井赋,并昭宠数,用示眷怀。于戏,以德行仁者王,朕敢怠息民之志;自上安下曰尉,尔其思戡乱之图。虽内寇之略平,顾外虞之未靖,尚勤乃力,勿替前功。可特授太尉,依前武成感德军节度使、神武左军都统制、福建江西荆湖南北路宣抚副使、加食邑五百户、食实封二百户、封如故。主者施行。"

同书卷十七《赐新除太尉、依前武成感德军节度使、神武左军都统制、福建江西荆湖南北路宣抚副使、加食邑五百户、食实封二百户韩世忠辞免恩命不允诏》："敕世忠：省所札子奏辞免恩命事，具悉。人主之兴事，当劝于用赏；人臣之有功，常说于见知。卿出总王师，往行天讨，一鼓而平瓯粤，再举而临湖湘，妖孽悉除，逋逃自服。乃峻策勋之典，俾升掌武之班。朕既知卿徇国之劳，卿宜悦此褒功之意。亟祗成命，何用深辞。所请宜不允。故兹诏示，想宜知悉。"

乙卯，部将解元、程振入潭州执李宏。

《要录》卷五十五："乙卯，福建江湖宣抚司前军统制官解元、后军统制官程振以所部入潭州，屯于子城之内，新知潭州李宏称疾不出。夜，宏中军由恩波门以遁，元遣将李义追击之。翌旦，元尽拘李宏舟楫之在江皋者，引兵至寨中，见宏计事，因悉其兵械以归。世忠即以宏为宣抚司统制。时朝廷始闻马友死，以敕书劳宏，而宏已执矣。"

七月，进军讨花面兽刘忠，大破之，忠遁去。

同书卷五十六："七月丙子，韩世忠进师讨刘忠，是日，至岳州之长乐渡，与贼对垒，贼开堑设伏，以拒官军。"

《忠武王碑》："山东贼白毡笠刘忠，有众数万，尝与兀尤转战，颉颃而南，据祁阳之白绵山，自黔其额，号花面兽，山险重复，营栅相望，凡一年，莫敢撄其锋者。王始至即欲急击之，曰：'少延岁月，湖南生灵无种矣。'庚不可，曰：'功幸已成而师劳，若更趋白绵，如有不捷，前功尽废。'王曰：'兵家利害，世忠策之审矣，非参政所知。请期半月，当驰捷以献。'庚不能夺，王即将所部与贼对垒。乃奕碁饮酒，按兵不动者累日，众莫窥其际。

"一夕，独与亲信苏格便服，联小骑，直穿贼营，警夜者呵问，王曰：'我也。'盖王已谍知贼中约以'我'字为号，故所向不疑，遂周览贼营而出，喜曰：'此天赐也。'即下令明日破贼会食。遂命诸军拔栅前行，先遣锐卒二千，衔枚夜进，伏于白绵山上，戒曰：'贼必空垒来战，若疾驰入，夺中军望楼，驻麾张盖。'既而贼以三万人拒战，兵交，自寅至巳，贼精兵迭出，胜负未分，俄而所遣锐卒二千，植旗盖于贼之望楼，传呼如雷，贼回顾惊愕，进退无所据，遂溃乱。王乃传麾令上下夹击，将士争奋，大破之，追斩忠于小舟，传首阙下。下令敢掠子女者斩。湖南遂平。战克之日，与庚所期，如合符契。诏除太尉，馀如故。"

《要录》卷五十六："七月庚辰，韩世忠先遣中、后、左、右四军渡江，逼刘忠寨而屯。……翌旦（辛巳日旦），世忠亲率选锋及前军俱进。暨战，所遣卒疾驰入其中军望楼，植麾张盖，贼回顾惊溃，大败，遁去。忠据白面山跨三年，及是乃败。其辎重皆为世忠所得。……（熊克《小历》载此事于今年二月，盖不知世忠进军月日也。克又云："忠欲投刘豫，徒众斩其首以降。"益误矣。盖赵雄撰世忠碑所书如此。其实忠以七月走淮西，九月在蕲阳为解元所败，乃走伪齐，明年四月始被杀也。克不深考，今各附本月日。）"

《北盟会编》卷一五一："韩世忠大破刘忠于岳州伏龙岗。——刘忠为韩世忠所败，以数百人走潭州白面山，复聚众走淮西。"

案：韩氏破刘忠之地点，各书所载，差互不一。《忠武王碑》谓在祁阳之白绵山，《北盟会编》谓在岳州之伏龙岗，而《系年要录》则于七月丙子谓于岳州之长乐渡与贼列阵相对，于后三日庚辰又忽谓破之于白面山。白面山者当即《忠武王碑》之白绵山，而《忠武王碑》谓在祁阳，《北盟会编》谓在潭州。又《忠武王碑》谓刘忠据白绵山凡一年，莫敢撄其锋者，《系年要录》谓"忠据白面山跨三年"，而《北盟会编》则谓忠于岳州败走之后方走潭州白面山。时限地望，纷纭至此，几难定其是非，唯查《忠武王碑》于进讨刘忠之前记孟庚反对之说，有"功幸已成而师劳，若更趋白绵，如有不捷，前功尽废"等语，《中兴小历》、《十将传》、《系年要录》中均承用其说（唯均改白绵为白面），是知在进讨之前，原即以白绵（面）山为目标，刘忠必已久据其地，自无可疑，则《北盟会编》谓其败后方走白面山者误也。又查今湖北通城县境有白面山，地志谓以山多白石而得名，疑刘忠当年所据即此，若然则在南宋乃属岳州，谓在潭州者误，谓在祁阳者亦误也。它如《中兴小历》谓平刘忠在本年二月，则以《系年要录》已加纠驳，故不再列入。《十将传》及《宋史》本传叙平刘忠事，大体均同于《忠武王碑》而文稍简，兹不复赘。

《墓志》："金人退舍，群盗尚猖獗如故。时范汝为据建州，曹成、马友、李横众数万，转掠湖南北，而刘忠者冠白毡笠自表，最强盛。上面命公副参知政事孟公庾为福建江西荆湖南北路宣抚使。公次建安，傅城而阵，汝为虽不敢出一甲，而婴城固守，弥月不下。公周视城堞，一日，伺其怠，梯而上，将士随之，尽夷其党，而建州平。遂卷甲循江西路入湖南。公语其下曰：'成等乌合，无斗志，非汝为比。迫之则并力，玩之则生奸，一谕以招抚，一戒以剿除，俾自择。'已而其徒更相猜贰，倒戈相诛，或畔散，或伏降。惟白毡笠者，负山阻水，旅拒自如，欲老我师，公曰：'忠作贼耳，欲何待？'一夕，部勒诸军，分数道并进，忠大穷，驰小舟跳出，有顷，徒中持忠首至，湖道亦平。旋师建康。是岁建炎四年也。"

案：此段所叙各事既极简略，而谓"徒中持忠首至"及"是岁建炎四年"更大误。今姑附录于此。

高宗赐札褒奖，并诏枢密院以功状颁示内外诸将。

《忠武王碑》："又赐札曰：'出师今将期岁，以尔劳苦，繁我忧冲。比又李宏壤植（？），刘忠败绩，益张吾武，震挠凶徒，朕甚嘉

之。且以防秋戒期，狄怨是念，卿其振旅来归，竭尽智力，以图大功，而后喜可知也。'

"王授钺以出，扫清三方，太上伟其功，诏枢密院以功状颁示内外诸将，各务奋励，共举中兴，以光史册。"

《要录》卷五十七："八月甲午，诏韩世忠荡平诸寇，连奏大捷，已加优擢，其告内外指事统制官，各务立功报国，共济中兴，以光史册。"

《十将传》："湖南遂平。诏授太尉，遣使赐带笏，仍敕枢密院以功状颁示内外诸将。"

诏孟庾与公总大兵至建康讫，即赴行在奏事。

《要录》卷五十七："八月壬辰，参知政事福建等路宣抚使孟庾兼权同都督江淮荆浙诸军事。

"庚子，给事中程瑀言：'孟庾同都督之命，物论良以为允，然已迫防秋，乞不俟其奏事，趣令开府，庶合事宜。'诏庾同韩世忠总大兵至建康讫，赴行在奏事。寻诏庾更辟官属，事从便宜。自世忠以下，并听节制。"

九月，除江南东西路宣抚使，置司建康府。

同书卷五十八："九月庚辰，吕颐浩奏论防秋事宜，欲以韩世忠为宣抚使，总大兵屯建康，诸路帅臣兼带宣抚使名者并罢。……

"辛巳，太尉、神武左军都统制、福建江西荆湖等路宣抚副使韩世忠为江南东西路宣抚使，置司建康府。沿江三大帅刘光世、李回、李光并去所领扬楚等州宣抚使名，其节制淮南诸州如故。"

《宋宰辅编年录》卷十五绍兴四年三月戊午赵鼎参知政事条下附载云："初，端明殿学士赵鼎守建康时，参知政事同都督诸军孟庾、江东宣抚使韩世忠各驻重军于建康，鼎为二府，素有刚直之风，庾、世忠皆加礼，两军亦肃然知惧，民既按堵，商贾通行。"

申报所招曹成、马友徒众数额。

《要录》卷五十八:"八月辛巳。……世忠言提举官董旼招马友、曹成之众,得八万人。诏户部侍郎姚舜明往衡、邵、辰、沅等州拣其军,仍应副沿路粮食。"

至建康,置背嵬亲随军。

《中兴小历》卷十五:"初,世忠之在建康也,以金众善射,常以骑兵取胜,世忠乃选少年敢死士为一军,号曰背嵬,如古羽林、饮飞之类,皆以一当百。又自出新意,造克敌弓,斗力雄劲,每射铁马,一发应弦而倒,盖二者皆足以制敌。"

《墓志》:"北方之俗,善骑,壮士健马,被铁衣数重,上下山阪如飞,矢刃不能伤,故常以骑兵取胜。公在建康蒐东南恶少年敢死士为一军,教以击刺战射之法,号背嵬军,如古羽林、饮飞、射声、越骑之俦。履锋镝、蹈水火,无不一当百。"

《忠武王碑》:"师还建康,乃置背嵬亲随军,皆勇鸷绝伦者。"(《十将传》、《要录》略同,且均未著其事月日。)

是月,部将解元再破刘忠于淮西。

《要录》卷五十八:"初,刘忠既为韩世忠所破,复聚众走淮西,驻于蕲阳口,世忠前军统制解元以舟师奄至,袭忠,大破之,忠与其徒数十人遁走北去,遂附于刘豫。……"

十一月己巳,特诏恩数视执政。

同书卷六十:"十有一月(戊午朔)己巳,诏太尉韩世忠应得恩数如两府例。上谓辅臣曰:'世忠有功,宜厚赐予。朕昨遣中使赐带笏猊坐以宠之矣。'"

子亮以随军剿寇，进秩三等。

同书同卷："庚午，右宣教郎韩亮特进秩三等。以参知政事孟庾言亮从其父剿除贼寇，备见勤劳故也。"

赴临安，奏对，论用兵事。

同书同卷："尚书左仆射吕颐浩屡请因夏月举兵北向，以复中原。且谓'……今韩世忠已到行在，臣愿睿断早定，命世忠、张俊与臣等共议，决策北向。……'

"壬申，上谕辅臣曰：'……朕谓中兴之治，无有不用兵者，卿等与韩世忠曲折议此否？……朕前日与世忠论至晚膳过时，夜思至四更不寐。'"

吕颐浩召公至都堂论伐刘豫事。

吕颐浩《忠穆集》卷二《论运粮供军事》："仍乞申勒大将，军兵所至，晓谕乡村，使民通知王师吊伐，除粮食必藉乡村百姓供应外，一行军士如敢攘夺财物，劫掠妇女，并行军法及处分大将。凡王师所至，搜索刘豫父子所聚粮料，准备资给金人者并行焚毁。绍兴二年臣在政府日，已定计北伐，尝请韩世忠到都堂，谕以焚毁刘豫粮料事，世忠曰：'此乃清野之法，不可不行'。合具奏知。"

诏公措置江东屯田事。

《宋会要》营田杂录："（绍兴二年十一月）十八日，中书门下省言：建康府江南北岸荒田甚广。诏令孟庾、韩世忠措置，将兵马为屯田之计，体仿陕西弓箭手法。所贵耕植渐广，以省国用，以宽民力。（食货门卷二之九）

"十二月二十八日，中书门下省言：湖北、江西、浙西路对岸荒田尤多，理合随所隶一就措置。诏湖北委刘洪道、江西委李回、

江东委韩世忠、浙西委刘光世措置。仍令都督府总治。"（食货门卷二之十）

● **绍兴三年癸丑（1133） 金天会十一年 四十五岁**

二月，李横进兵讨伪齐，诏公与孟庾、刘光世措置应援。

《要录》卷六十三："绍兴三年二月庚戌，襄阳镇抚使李横为神武左副军统制、京西招抚使。初，横既进兵伪齐。……又言：'臣已起兵抚定，克复神京，请命重兵宿将进屯淮西，按兵勿动，以扬声援。'诏同都督江淮荆湖诸军事孟庾、淮东宣抚使刘光世、江东宣抚使韩世忠措置。"

诏赴行在奏事。

《要录》卷五十七："二月甲寅，诏刘光世、韩世忠赴行在奏事，以将易镇也。"

三月，进开府仪同三司，充淮南东西路宣抚使。

同书同卷："壬午，太尉、武成感德军节度使、神武左军都统制、江南东西路宣抚使韩世忠开府仪同三司，充淮南东西路宣抚使，泗州置司。朝廷闻李横进师，议遣大将，以刘光世兵不练，而世忠忠勇，故召见而遣之。仍赐世忠广马七纲，军士甲千副，激赏银帛三万匹两。又出钱百万缗、米二十万斛为半岁之用，命户部侍郎姚舜明往泗州总领钱粮。（赐世忠甲在三月甲戌，支钱粮在癸未，赐纲马在四月辛卯、壬辰。）"

《忠武王碑》："除开府仪同三司，节制依旧，充淮南东路宣抚使，泗州置司。"

《十将传》："三年三月，进开府仪同三司，充淮南东西路宣抚使，置司泗州。朝廷闻李横进师讨伪齐，议遣大军，以世忠忠勇，故遣之。仍赐世忠广马七纲,甲千副,银绢帛二万匹两。又出钱百万缗、米二十八万斛为半岁之用。命户部侍郎姚舜明往泗州总领钱粮,仓部郎官孙逸往平江府常、秀、饶州督发军食。"

《北盟会编》卷一五五:"三月二十七日壬午,韩世忠加开府仪同三司、淮南宣抚使,泗州置司。……于是世忠军于镇江府。"

《北海集》卷七《除韩世忠特授开府仪同三司、依前武成感德军节度使、神武左军都统制、充淮南东西路宣抚使加食邑食实封制》:"门下:朕负斧扆而惭域中之尊,孰与慰普天之望?披舆图而怀阃外之虑,其惟先推毂之求。乃眷虎臣,久从戎事。高勋当报,兹隆开府之仪;大任荐更,式倚干城之略。诞扬涣号,敷告治庭。太尉、武成感德军节度使、神武左军都统制、充淮南东西路宣抚使、南阳郡开国公、食邑二千五百户、食实封九百户韩世忠,英勇冠军,纯诚许国。摧锋陷阵,绩屡载于旂常;受命忘家,心靡渝于金石。顷宣威令,往珍寇攘:楼船南下而瓯粤为清,虽尝举褒宠之典;铁马西驰而荆湘继定,顾未酬俊伟之功。属已盛秋,方营(一作劳)严戍。廉颇居国,讵容邻壤之加兵;李勣守边,遂致敌人之远塞。少稽信赏,及此移屯。维江表之藩篱,任淮壖之屏翰。招徕失业,务绥抚于凋残;备御不虞,要防闲于侵轶。爰资宿望,用折遐冲。贵绝右班,既典五兵之重;宠仍双节,其联三事之华。予惟必践于前言,尔尚克图于来效。载倍多赋,加食真封。并昭进律之常,庸示旌功之劝,威严夙著,信草木之知名;号令增新,见旌旄之动色。繄中权之有赖,庶外侮之自消。于戏,辅周则国必强,轻敌损威者惟汝之戒;将能而君不御,临机制胜者惟汝之为。顾方略之如何,期功名之未艾。往服予训,毋斁乃成。可特授开府仪同三司,依前武成感德军节度使、神武左军都统制、淮南东西路宣抚使、泗州置司、加食邑五百户、食实封三百户。主者施行。"

《北海集》卷十四《赐新除开府仪同三司韩世忠辞免恩命不允诏》:"敕世忠:省所札子奏辞免恩命事,具悉。朕以湖湘之境,氛禒既清；淮泗之冲，藩篱未固。惟卿志无遗虑，勇不辞难，酬其前劳，乃视仪于大府；加之今授，盖倚重于长城。既兼将相之名，宜狥邦家之计。忠勤有素，谦逊何为。所请宜不允。故兹诏示，想宜知悉。"

同书同卷《赐韩世忠再上札子辞免恩命不允诏》："敕世忠：省所再上札子奏辞免恩命事，具悉。朕薄于奉己，而倾帑廪之入以养兵；慎于官人，而极臣邻之宠以任将。顾何所事，盖欲有为。卿继立奇功，进图远略，既削平于多垒，将绥定于中原。追此策勋，适当遣戍，拟台司而建府，临淮甸以宣威。岂曰朕私，时惟国计。师言咸穆，庙胜可期。毋烦谦逊之辞，式副忧勤之念。所请宜不允。故兹诏示，想宜知悉。"

同书同卷《赐韩世忠三上札子辞免恩命不允诏》："敕世忠：省所三上札子奏辞免恩命事，具悉。朕惟五材并用，谁能去兵？四海未安，注意在将。故不爱三军之费以收其力，不遗一战之劳以勤其功。卿昨定湖湘，未加信赏；兹屯淮泗，宜有宠行。进号仪同，式循典故。而乃深陈中恳，荐贡忱辞，欲消贪觊之风，愿保谦冲之节。载观于守，益叹尔贤。然爵于朝而尽公，则今惟行而难返。第思厚报，毋执小廉，往体眷怀，亟祗成命。所请宜不允。故兹诏示，想宜知悉。"

四月，上言论屯田事。

《宋会要》营田杂录："（绍兴三年）四月四日，太尉、武成感德军节度使、充江南东西路宣抚使韩世忠言：'契勘陕西因创建州军城寨之后，应四至境内田土尽得系官，即无民户税业交杂其间。其田荒隙，遂招置土人充弓箭长行，每名给地二顷，有马者别给额外地五十亩。率空地八百顷，即招集四百人，立为一指挥。一境之中，均是弓箭手，自相服从。今内地州县田土，皆系民户税业，虽有户绝逃弃，往往畸零散漫。若便依仿陕西法标给，须合零就整，凑数分拨。其田远近不同,既不接连,难相照管。又如去城百馀里外,给地付之军兵,使混杂庄农养种,切虑生事。今相度,欲先将建康府管下根括到近城荒田,除户绝逃田一面措置耕种外,其有主而无力开垦者,散出文榜,限六十日,许人户自陈顷亩着实四止,如情愿将地段权与官中合种,所用人户、牛具、种粮,并从官给,候收成日,据地段顷亩先次依本色供纳二税及除豁牛具种粮,其馀,据见在斛斗量给地主外,尽给种田人,候至地主有力耕时,赴官自陈,即时给还元业。若限满不自陈,即依逃田例直行标拨,庶几不致荒闲田亩,军民两有所济。并契勘人户愿与官中合种地段,若伺候将来收成,除豁二税种粮外,据见在临时量给,窃虑地主妄称乡原旧例,过数邀求。今欲于人户自陈日,即便议定,据将实收到斛斗除上件除豁外,以十分为率,内二分给地主。若称所给数少,不愿官种者,即具村保姓名,开排地段,送本县置籍收系。田虽荒闲,须管依条限催理二税,无令少欠,庶几地主不敢侥幸妄有希求。'

"都督府言:'勘会今已二月,伺候朝廷指挥,方立限许人户投状,与官中合种,深恐已过布种时月,转致荒芜。已将昨因兵火逃亡,未曾归业,见今荒田,令世忠先次措置,召人承佃耕种。其令纳税租,第一年全免,第二第三年以下,分为率,各与免纳五分。三年外依旧全纳。田主归业自种,在五年内者,听依已布种法,见佃人收毕交割。五年外不归业者,听见佃人为主。庶几不致荒闲,失陷二税。已行下世忠照会施行。如蒙俞允依,湖北、江西、浙西未归业逃田,并乞依此施行。'

"户部勘当,欲依都督府奏请事理施行。如有人户归业,即依去年四月十八日已降指挥年限理认,即时给还。内已布种者,收毕交割。并下江南东路转运照会。仍乞令湖北江西路疾速措置利便,申取朝廷指挥。从之。"(食货门卷二之一二)

《要录》卷六十四:"夏四月(丙戌朔)己丑,韩世忠言:'近被旨措置建康府江南北岸荒田，以为屯田之计。沿江荒田虽多，大半有主，难以如陕西例。乞募民承佃。'都督府奏如世忠议，乃蠲三年租，田主自讼则归之，满五年不言，给佃人为永业。于是诏湖北、浙西、江西皆如之。寻又免科配徭役。"

奉诏移屯镇江。

《北海集》卷八《赐新除镇江府建康府淮南东路宣抚使韩世忠诏》："敕世忠：朕惟时以戒寒，守当严备。循江流而镇险，顾力散以难周；联形胜以宿师，则势专而易应。眷升润东西之府，据江淮南北之冲；走集所趋，舳舻交会；封疆之接，鸡犬相闻。曾无数舍之遥，奚假两军之重。乃命江东之戍，更莅池阳；遂因京口之屯，并临建邺。仍资威望，分控长淮。惟卿勇不顾身，忠无择事。宽其分部，庶能展足以赴功；睦乃比邻，尚克同心而济务。念国家之至计，繄将相之协恭，勉就大勋，毋怀小忿。譬犹捕鹿，要为犄角之图；有若献豻，皆获公私之利。往体朕意，伫观厥成。已除卿镇江、建康府、淮南东路宣抚使，镇江置司。故兹诏示，想宜知悉。秋冷，卿比平安好，遣书指不多及。"

是月，与刘光世更戍，移屯镇江府。

《要录》卷六十四："四月辛卯，刘光世为检校太傅、江东宣抚使，屯镇江，时光世与韩世忠更戍，世忠至镇江城下，而奸细入城焚其府库，光世擒而鞫之，皆云世忠所遣，于是诉于上。"

《北盟会编》卷一五五："韩世忠与光世更戍，世忠至镇江府城下，遣人入城潜烧仓库，为光世所擒，诉诸朝。王德请于光世曰：'韩公之来，独与王德有隙耳，当身往迎见之。'其下皆不可，曰：'往见韩公，必有不测，请勿行。如不止，当以骑从。'不听。德独驰往，或报世忠曰：'王德来矣。'世忠不信，俄顷，德入谒，世忠惊曰：'公诚烈丈夫，曩者小嫌，各勿介意。'因置酒结盟而别。光世移军建康府，世忠犹以兵袭其后。"

《宋史·王德传》："三年，光世宣抚江淮，当移屯建康，命韩世忠代之。德从数十骑自京口逆世忠，度将及麾下，徒步立道左，抗言曰：'擅杀陈彦章，王德迎马头请死。'世忠下马握其手曰：'知公好汉，向来纤介不足置怀。'乃设酒尽欢而别。"

《宋史·刘光世传》："三年，命光世与韩世忠易镇，同召赴阙，授检校太傅、江东宣抚使。世忠既至镇江城下，奸人入城焚府库，光世擒之，皆云世忠所遣。"

去神武左军都统制兼职，专为宣抚使。

《要录》卷六十四："四月癸巳，仍诏神武后军统制巨师古、御前忠锐将崔增、李捧等并受韩世忠节度。于是世忠始去神武左军都统制，专为宣抚使。（世忠解都统制，不见月日。案世忠三除宣抚使，并带都统制入御，自此却不兼带，当以与王瓆、巨师古官称相犯故也。今且附此。）"

刘忠为其部下王林等所杀。

同书同卷："丁未，伪齐登莱沂密都巡检司刘忠在怀仁县，为其部下王林等所杀，传首行在。诏以林为修武郎、阁门祗候，充枢密院准备差使，其徒九十三人授官有差。（林等授官在六月戊戌。忠死不得其日，依赵甡之《遗史》附此以俟考。）"

诏全军渡淮。

《宋会要》讨叛类四："三年四月二十七日枢密院奏：'韩世忠除淮南宣抚使，泗州置司，所有预支半年粮二十八万石，已于平江及常、秀支拨，伺候韩世忠舟船到来装发。及差仓部郎官孙逸前去监督，其军须专委都督按月应副。'诏'韩世忠忠诚体国，能任大事，仰疾速进发，或先遣轻兵夹淮屯驻，全军相继起发，毋失机会。所

有粮运，分委近上将官统押舟船接续装发前去。'"（兵门卷九之十）

《要录》卷六十四："壬子，诏韩世忠全军渡淮，毋失机会。"

李横以无援，引兵归。

同书卷六十五："五月己未，权河南镇抚使翟琮、权陕虢经略使董先言：'今岁臣等首同李横东击伪齐，京城震恐，复以无援，引兵而归，思之痛迫。……望选委重臣于行朝宣司之中，屯驻一司，以为声援。'诏报以已令韩世忠充宣抚使，领大军屯淮南。"

五月丁卯，遣韩肖胄、胡松年充金国军前奉表通问使，遂寝出师之议。

同书同卷："五月壬戌，诏奉使官左承议郎潘致尧、武经郎高公绘赴内殿奏事，致尧等言金人欲遣重臣以取信。……先是，朝廷以果茗缣帛遗刘麟假道，麟不纳，致尧等复持还。时吕颐浩已定议出师，而恐与和议相妨，事遂中止。

"丁卯，尚书吏部侍郎韩肖胄为端明殿学士、同签书枢密院事，充大金军前奉表通问使，给事中胡松年试工部尚书充副使。

"乙亥，天申节。枢密院言：'已遣使诣大金议和，恐沿边守将辄发人马，侵犯齐界，理宜约束。'诏出榜沿边晓谕，如敢违犯，令宣抚司依法施行。

"己卯，诏淮南宣抚司统制官解元以所部留屯泗州，朝廷既遣韩肖胄等行，乃俾元退屯盱眙，且戒以勿侵齐地。宣抚使韩世忠请留淮南兵马都监刘纲以五百人屯泗上，而大军悉还镇江，诏元以二千人戍泗州，馀留屯江北。

"庚辰，……时朝廷闻李横失利，乃诏横等逐镇屯驻，非奉朝旨，毋得进兵。"

《中兴小历》卷十四："初，淮东宣抚使韩世忠遣统制官解元、杜琳等将兵渡淮北去，至是，诏世忠：金人已约讲和，所遣两军且驻盱眙，勿侵齐国之境。"

《十将传》："李横兵败，还镇江，世忠不果渡淮。"

案：据《要录》，李横于退师之后，奉诏逐镇屯驻，非还镇江，《宋史》韩氏本传作"还镇"，是也。《十将传》之"江"字或系衍文。又"不果渡淮"《宋史》改作"不果渡江"，误。

刘光世与公交恶，至是，二人交诉于朝。

《要录》卷六十六："六月丁未，江东宣抚使刘光世引兵发镇江，时淮南宣抚使韩世忠屯登云门，光世惧其扼己，改途趋白鹭店，世忠遣兵千馀袭其后，光世觉之，乃止。

"既而光世奏世忠掠其甲士六十馀人。且言'世忠身为大将，当国家多事之时，正宜谨慎共济大事，而乃不循法度，强夺战兵，若非臣弹压严切，必致两军相挺，上贻圣忧。'

"枢密院言：'近两军申奏，各有互招过官兵。'诏同都督孟庾体究发还，如无实迹，行下逐司照会。

"上寻遣使和解，仍书贾复、寇恂事赐之。（《日历》："七月丁巳，刘光世奏：臣六月二十六日统率军马离镇江。"故附此日。光世所奏甚诪张，而熊克《小历》乃云世忠犹欲以兵袭其后，盖为光世讳也。今参酌附见。）"

同书卷六十七："八月己酉，殿中侍御史常同言：'陛下乘此艰难，注意在将，而二三将臣不能协心共谋，以济国事。……悉由幕府谋议之官，以妄言激怒主帅，赞画无状，理宜罢免。'诏以付诸将。同所言，盖指刘光世、韩世忠也。"

同书卷六十八："九月乙卯，参知政事、同都督江淮荆浙诸军事孟庾自军中朝行在，至是复还镇江。时江东宣抚使刘光世、淮南宣抚使韩世忠因私忿交争，事下督府，庾不能辨曲直，乃走愬诸朝焉。

"戊午,都督江淮荆浙诸军事吕颐浩罢为镇南军节度使,……提举临安府洞霄宫。颐浩再相凡二年,侍御史辛炳劾其不恭不忠,败坏法度,及颐浩引疾求去,殿中侍御史常同因论其十罪,大略谓:'……近两将不协,几至交兵,不能辨曲直以申国威,而姑息之,七也。……'"

于江西新隆县置产,当在本夏。

《新淦县志》卷九艺文门文征类:"宋高宗敕:世忠为朕爪牙之臣,出师必克,克且无扰,是宜有后于我。比览有司奏闻,卿欲买新淦之田,为子孙计,盖亦善矣,今举以赐卿,非惟示朕之私,亦聊以旌有功也。卿宜勉哉。故敕。六月十一日付世忠。

"臣㭿窃惟先臣世忠丁时厄运,际会风云,始名震于西陲,继威行于河朔,擎天霸府,复辟临安,鏖战慑邻,决策定国,佐成高宗皇帝中兴之业,猗欤盛哉。而闽广湖湘剧寇充斥,师老无功,宸衷霄旰,以属先臣,曾不数月,凶渠悉平,三方就肃,捷书来上,高宗皇帝令札与内外诸军,各务奋励,时先臣位已师保、节兼两镇,骏功异数,焜耀当代。第乡里彰武,剪于戎境,家无寸产,方握重兵,或谓明哲之图在所当讲,于是有请于朝,欲买新淦籍官之田。上闻之,亲御宸翰,举以为赐,先臣抗疏控免赐恩,终罔俞旨,且有奖谕之诏。洪惟高宗皇帝素知先臣有狥国忘家之志,既表其忠矣,又赐之上田以为诸将之劝,故御札有曰:'非惟示朕之私,亦聊以旌有功也。'厥有旨哉。昭迥之章,旌功之田,祖而父,父而臣,七十三年矣。奎璧所在,百神固当呵护,然惓惓私忧,万一遗脱,遂蹈不恭,谨登坚珉,寅奉私庄,以侈千载一时之遇,以永亿万斯年之传。子子孙孙,当饭必思其所自,上图宗祊之报,下显先臣之志云。嘉泰四年三月十五日,孙朝议大夫、直秘阁、知新兴军、兼管内劝农营田使、敷政县开国男、食邑三百户、紫金鱼袋臣韩㭿拜手稽首恭书。"

案：高宗诏旨虽去"举以赐卿"，据韩杕跋语中"终罔俞旨"句，则是辞免得遂，终以私赀购得此籍官之田也。以韩氏功状颁示内外诸将，俾各奋励，事在去年八月，则置产事当在本夏。跋在宁宗嘉泰四年，上溯七十三年亦正为本年也。

冬十月，奏乞拣军，诏令存恤。

《中兴小历》卷十五："冬十月戊戌，……淮东宣抚使韩世忠奏，见管兵四万四千馀人，乞拣去老弱。诏世忠军练已精，陕西南北、山东兵随世忠累经出入，难以例汰，令存恤之。"

十二月，遣干办公事闻人武子赴行在奏事，并申请制造新收诸项军士器甲。

《要录》卷七十一："十有二月乙未，镇江建康府江东宣抚使韩世忠遣干办公事闻人武子来奏事，上召对，世忠言：'本司近收到曹成、李宏、马友、刘忠、王方等诸头项数万人，全无器甲，缓急遇敌，恐误国事。'诏令军中造甲千付。其工料之直，以浙路度牒、真州榷货务见锱金银中半给之。"

● **绍兴四年甲寅（1134） 金天会十二年 四十六岁**

春三月，诏以平江府朱勔南园及陈满塘官地一千二百亩赐公。

《要录》卷七十四："三月乙亥，镇江、建康府、淮南东路宣抚使韩世忠乞承买平江府朱勔南园，及请佃陈满塘官地一千二百亩。诏以园地赐世忠。"

夏五月，自扬州入朝，高宗谕以应与刘光世消除私隙。

同书卷七十六："五月辛酉，……世忠与光世交恶不已，至是，世忠自扬州入朝。……"

《中兴小历》卷十六:"时淮西宣抚使刘光世屯建康,淮东宣抚使韩世忠屯镇江,以私隙未下,殿中侍御史常同奏:'二臣蒙恩,不思协心报国,一旦有急,其肯相援。望分是非,正典刑,以示国威。'上以章示刘、韩两军。至是,世忠乞差刘光弼充本军统兵官。辛酉,上谓宰执曰:'兹事未便,恐光世疑也。光世弟光烈与世忠弟世良,皆带御器械,光烈近召世良,世良峻拒之,昨世忠语及此,朕谕之曰:"世良等内诸司耳,设有不和,罢其一可也,至如大将,国家利害所系,汉贾复、寇恂以私愤几欲交兵,光武一言分之,即结友而去。卿与光世不睦,议者皆谓朝廷失驾驭之术,朕甚愧之。"世忠顿首曰:"敢不奉诏。他日见光世,当负荆以谢。"'"

于平江私第建阁藏御书。

同书同卷:"时世忠于平江府私第建阁宝藏御书,乞赐名,有旨赐名'懋功',学士綦崇礼奏罢之。"

《宋会要》御书赐勋戚类:"(绍兴)四年五月二十八日,诏韩世忠私第御书阁以'懋功'为名,从其请也。"(崇儒门卷六之一五)

《要录》卷七十六:"五月丁丑,淮东宣抚使韩世忠言于私第建阁以藏所赐宸翰,乞赐阁名。诏名'懋功'。已而翰林学士綦崇礼言:'祖宗以来,人臣之家,不闻有以所藏御书赐阁名者。始于蔡京崇、观间赐第城西,遂起君臣庆会阁,锡名揭榜以侈大之,由是大臣贵倖之家更相援比,以邀上赐,无间内外,兵火以来所存无几。今陛下乃于世忠复有此赐,窃探圣志,盖以宠光世忠,勉其立功之志以歆艳诸将,非若前日夸诩之风,未有过举。然方京都沦陷,官省污秽,龙图、天章、宝文、显谟、徽猷所藏七朝典训,一时委弃,而陛下乃自以所赐将臣御书,听其建阁,且为制名显示天下,臣恐有识之士得以窃议而未以为当也。在世忠之分,则被遇圣主,感激眷知,亲获宸翰,焜耀私室,宝藏崇奉,唯恐不至,实臣子之义,顾陛下勿与焉斯可矣。欲望指挥特赐追寝,今后臣寮不许有请,仍著于令,以明陛下谦恭抑畏之德。'从之。(密礼所奏在六月庚寅,今并附此。)"

七月,祠部员外郎范同奏论将帅不睦事。

同书卷七十八:"七月乙卯,祠部员外郎范同言:'……陛下拔用才杰,礼遇勋贤,备极荣宠,固将凭藉忠力,扫除腥秽,一清寰宇,恢复祖宗之业;而道途窃议,以为将帅忘辑睦之义,记纤介之怨,或享高位而忌嫉轧己,或恃勋劳而排抑新进。审如是,他日必有重贻圣虑者。欲望明示至意,及其细微易于改图,使之视《春秋》诸卿以为戒,追汉唐名将而踵其迹,岂惟社稷是赖,而勋名宠位尤享始终,亦陛下保全之德也。'诏札与诸将帅。先是,刘光世、韩世忠久不协,而岳飞自列校拔起,颇为世忠与张俊所忌,故同及之。"

高宗闻金人渡淮,再以札赐公。十月乙卯,公以所部复如扬州。

同书卷八十一:"十月乙卯,淮东宣抚使韩世忠以所部自镇江复如扬州。初,上闻敌骑渡淮,再以札赐世忠,略曰:'今敌骑正锐,又皆小舟轻捷,可以横江径渡,浙西趋行朝无数舍之远,朕甚忧之。建康诸渡,旧为敌冲,万一透漏,存亡所系,朕虽不德,无以君国子民,而祖宗德泽犹在人心,所宜深念累世涵养之恩,永垂千载忠谊之烈。'世忠读诏感泣,遂进屯扬州。"

《忠武王碑》:"明年,以建康、镇江、淮东宣抚使驻镇江。是岁,兀朮与酋帅挞孛耶合三路兵入寇,骑兵自泗取扬,步兵自楚取高邮,尘覆飞鸟,太上赐札曰:'览卿承、楚之奏,良用骇叹,今虏气正锐,又皆小舟轻捷,可以横江径渡,想卿谋画已定,可保无虞。更宜率励将士,戮力剿除,此亦卿前日之所论奏也。浙西趋行

朝无数舍之远，朕甚忧之。卿忠愤忧国，朕所素知，协济艰难，正在今日，切更多算，以决万全。'

"又札曰：'朕以逆臣刘豫，外挟强虏，驱率吾民，遣兵东向，观其措意，必欲图危社稷，人神所共嫉，覆载所不容。卿为国大臣，乃心王室，忠愤之气，想实同之。今贼犯真、滁，已逼江上，而建康诸渡，旧为贼冲，万一透漏，存亡所系。卿宜戮力一心，以赴国家之急，先饬守备，徐图进取，无失事机，以堕贼计。朕虽不德，无以君国子民，而祖宗德泽犹在人心，所宜深念累世涵养之恩，永垂千载忠义之烈。兴言及此，当体至怀。'

"王受诏感泣，曰：'至尊忧勤如此，臣子何以生为。'遂自镇江济师，以前军统制解元守高邮候虏步兵，而王亲提骑队往大仪以当淮泗之寇，伐木为栅，自断归路，大会将佐曰：'金人马步分道并进，车驾方在江南，如有不胜，必为社稷忧。诸军奋忠勇以报国，此其时矣。吾平昔恨无死所，以拔桥断路示无生还之望。'遂大飨士，俟战，士皆感奋，气自百倍。"

《十将传》："四年，以建康、镇江、淮东宣抚使驻镇江，是岁，金伪合兵分道入寇，帝手札命世忠饬守备、图进取，辞旨恳切，世忠受诏感泣曰：'主忧如此，臣子何以生为。'遂自镇江济师，俾统制解元守高邮，候虏步兵，亲提骑军驻大仪，当虏骑。伐木为栅，自断归路。"

是月戊子，邀击金人于大仪镇，败之。

《要录》卷八十一："十月戊子，淮东宣抚使韩世忠邀击金人于大仪镇，败之。

"初，奉使魏良臣、王绘在镇江，被旨趣行，乃以是月丙戌渡江，丁亥，至扬子桥，遇世忠遣使臣督令出界，绘顾良臣曰：'幸免管押二字，亦是光华。'时朝廷已知承、楚路绝，乃连伪界引伴官牒付良臣等，令赍执，于阻节处照验。又令淮东帅司召募使臣，说谕承、楚州,令放过奉使。良臣等至扬州东门外,遇选锋军自城中还。问之,云:'相公令往江头把隘。'入城,见世忠坐谯门上,顷之,流星庚牌沓至,世忠出示良臣等,乃得旨令移屯守江,世忠留食,良臣等辞以欲见参议官陈桷、提举官董旼,遂过桷等共饭。(熊克《小历》称世忠置酒与良臣别,杯一再行,流星庚牌沓至。盖承《墓碑》之词,今从王绘《甲寅录》。)世忠遣人传刺字谢良臣、绘,且速桷等还。桷、旼送二人出北门,绘与桷有旧,驻马久之,以老幼为托,泣数行下,左右皆伤怛。晚宿大仪镇。翌日,行数里,遇敌骑百十控弦而来,良臣命其徒下马大呼曰:'勿射,此来讲和。'敌乃引骑还天长,问'皇帝何在',良臣对曰:'在杭州。'又问'韩家何在,有士马几何',绘曰:'在扬州,来时已还镇江矣。'又曰:'得无用计复还掩我否?'曰:'此兵家事,使人安得知。'去城六七里,遇金将聂儿孛堇,同入城,问讲和事,且言'自泗水来,所在州县多见恤刑手诏及戒石铭,皇帝恤民如此'。……又问'韩家何在',良臣曰:'来时亲见人马出东门望瓜州去矣。'绘曰:'侍郎未可为此言,用兵、讲和,自是二事,虽得旨抽回,将在军,君命有所不受,还与不还,使人不可得而知。'又云:'元帅已到高邮,三太子已到泗州,是行皆刘齐间谍所致。刘总管谓韩家有几万、岳家有几万,俱在淮南,自入境来,何尝见一人一骑。'

"初,世忠度良臣已远,乃上马令军中曰:'视吾鞭所向。'于是引军次大仪镇,勒兵为五阵,设伏二十馀处,戒之曰:'闻鼓声则起而击敌。'

"聂儿孛堇闻世忠退兵,喜甚,引骑数百趋江口,距大仪镇五里,其将挞孛拥铁骑过五阵之东,世忠与战不利,统制官呼延通救之得免。世忠传小麾鸣鼓,伏者四起,五军旗与敌旗杂出,敌军乱,弓刀无所施,而我军迭进,背嵬军各持长斧,上揕人胸,下捎马足,敌全装陷泥淖中,人马俱毙,遂擒挞孛也。世忠又遣董旼分兵往天长县,遇敌于鸦口桥,擒女真四十馀人。"

《忠武王碑》:"会朝廷遣魏良臣使虏,至维扬,王置酒送别。杯一再行,流星庚牌沓至,良臣问故,王曰:'有诏移屯守江。'乃撤炊爨班师。良臣窃自喜,疾驰去。王度良臣已出境,乃上马令军中曰:'视吾鞭所向。'于是六军大集,北行至大仪,勒精兵为五阵,设伏二十馀处,戒闻严鼓之节,则次第起击。良臣至虏,虏果问我师动息,悉如所见以对。兀朮号知兵,闻大军仓卒南还,喜甚,与群酋厉兵秣马,直趋江口。至大仪五里所,王纵虏骑遇吾军之东直北,传小麾,鼓一鸣,伏者四发。吾骑旗与虏杂出,虏军乱,我师伍伍迭进,步队各持长斧斫马足,虏全装陷涂淖,弓刀无所施。王东西麾劲骑,四面蹂之,虏太半乞降,馀皆奔溃,追杀数十里。兀朮乘千里马以遁。积尸如丘垤。擒其骁将挞孛耶、女真千户长五百馀人,获战马五百馀匹,器械辎重与平山堂齐。军势大振。

"兀朮还泗上,召良臣,诘责其卖己,将斩之,良臣好词以免。

"解元至高邮,亦遇贼,虏设水军,夹河而阵,我师皆愿效死,虏整队迭出,一日之间,合战十三,士力稍罢,相拒未决,王遣成闵将劲骑往援之,闵与元军合,复大战,俘生女真及千户长等,虏败去。俄而王至,穷追于淮,虏复大战,败溃奔走,相蹈藉没溺死者不可胜计。"

《十将传》:"会朝廷遣魏良臣使虏,世忠炊爨,给良臣有诏移屯守江,良臣疾驰去。世忠度良臣已出境,即上马令军中曰:'视吾鞭所向。'于是引军次大仪,勒为五阵,设伏二十馀所,约闻鼓即起击。

"良臣至虏,虏问王师动息,具以所见对。聂儿孛堇闻世忠退,喜甚,引兵至江口,距大仪五里,别将挞孛也拥铁骑过五阵之东,世忠传小麾鸣鼓,伏兵四起,旗色与虏旗杂出,虏军乱,我军迭进,背嵬军各持长斧,上揕人胸,下斫马足,虏被甲陷泥淖,世忠麾劲骑四面蹂躏,人马俱毙,遂擒挞孛也等二百馀人。

"所遣董旼亦击虏于天长县之鵶口,擒女真四十馀人。

"解元至高邮,遇虏设水军夹河阵,日合战十三,相拒未决,世忠遣成闵将骑士往援,复大战,俘生女真及千户长等,世忠复追袭至淮,虏惊溃,相蹈藉,溺死甚众。"(《宋史》本传略同)

《要录》卷八十一引《日历》:"韩世忠甲申十月十三日亲令军马渡江,到扬州大仪镇,逢金人掩杀,赶及二十馀里,又有伏兵它头迎敌厮杀,至酉时,杀敌,尾袭残零兵马,走回天长县以北,四散前去。杀死蕃人横尸二十里,不令斫级,活捉到万户、千户、百人长以下闼孛也等二百馀人,夺得蕃马一百馀匹,衣甲弓箭器械等物二千馀件。"

同书同卷引赵甡之《遗史》:"世忠以董旼军于天长,以解元屯于承州,亲与呼延通率十馀骑绰路,去大仪镇十馀里,遇金人铁骑二百馀,世忠与通方立马议所以待之,有三四十骑直冲世忠,与战不利,金人有骁将独战世忠,世忠力疲,通自后攻金将。世忠坠马,几被执,通救止之。世忠复得其马,回顾金人百馀骑,计得世忠,通据坡坂扼其路,以弓箭当之,世忠得还。"

《墓志》:"于是胡马牧淮楚间,公至天长之大仪与之遇。虏酋孛堇挞也拥铁骑奔突而前,背嵬者人持一长柄巨斧,堵而进,上揕其胸,下捎其马足,百遇百克,人马俱毙。又自出新意,创克敌弓,斗力雄劲,可洞犀象,贯七札,每射铁马,一发应弦而倒,虏大震骇,若有鬼神。捕获千人长万人长、铠甲器械甚众。又转战至高邮,卒擒挞也等,具舟载俘获,献之朝。至是,胡人一再败衂,稍知沮畏,虽时时入盗边,无复跳梁不制之患矣。"

案:大仪镇之役,各书所载战功大小互殊,《要录》八十一于前引之记事下附注考语云:"熊克《小历》多据《墓碑》,……以世忠捷奏考之,所获人马亦不及《墓碑》之数,盖世忠《行状》夸言之,熊不深考耳。以诸书参究,此时完颜宗弼实不在大仪军中,又据所申虏到器甲弓箭果三千件,亦安得便与平山堂齐耶。如《遗史》所云,则其捷太小。今且参取并书之,更须详究也。"今检《宋会要》不见有关此役之捷报,除上所征引之各书各说外,亦更无他项材料以为判定其孰是孰非之资据,姑并列诸说以俟考定可矣。

《要录》卷八十一:"己丑,……初,聂儿孛堇既败归,召奉使魏良臣等至天长南门外,良臣等下马,敌骑拥之而前,聂儿愤甚,脱所服貂帽,按剑瞋目谓曰:'汝等来讲和,且谓韩家人马已还,乃阴来害我。'诸将举刃示之,良臣等指天号呼曰:'使人讲和,止为国家。韩世忠既以两使人为饵,安得令知其计。'往返良久,乃曰:'汝见元帅。'遂由宝应县用黄河渡船以济。……"

屡奏捷于朝,并遣赵何、董旼、陈桷等造朝献俘,高宗赐札奖劳,论者群以此举为中兴首功焉。

同书同卷:"十月戊子,……早朝,辅臣进呈世忠奏已统兵渡江。上曰:'世忠忠勇,朕知其必成功。'沈与求曰:'世忠平日慷慨自许,恐其乘胜追袭深入,更宜戒其持重。'上曰:'朕已戒其可战则战,可守则守。可令户部支银帛万匹两,犒赏过江将士,以激其心。'与求曰:'自敌骑蹂践中原,未尝有与之战者。今诸将争先用命,此成功之秋也。'既而世忠又奏:'见在扬州,适霖雨未能进师,恐朝廷讶成功之迟。'上曰:'兵事岂可遥制。'赵鼎曰:'军事不从中覆,古之制也。'乃诏世忠听其临机制变。而捷书已至矣。(临机制变指挥在此月庚寅)

"癸巳,韩世忠遣武功郎赵何来献捷,诏迁何一官。

"戊戌,上登舟至临安府。己亥,上次崇德县。韩世忠遣翊卫大夫宣州观察使本司提举一行事务董旼、右朝奉郎直秘阁本司参议官陈桷以所俘女真一百八人献行在。因言承州阵殁人,乞厚加赠恤。上蹙然曰：'使人死于锋镝之下，诚为可悯，可令收拾遗骸，于镇江府择地埋瘗。仍岁度童行一名照管。今胡松年尚在镇江，可令就设水陆斋致祭。'沈与求曰：'自建炎以来，将士未尝与金人迎敌一战，今世忠连捷以挫其锋，其功不细。'赵鼎曰：'陛下既亲总六师，则第功行赏与他时不同。'上曰：'第优赏之，庶几人知激劝，必有成功。'乃诏改除宣州观察使陈桷迁右朝奉大夫、充秘阁修撰，中奉大夫、相州观察使解元落阶官为同州观察使，武功大夫、康州刺史呼延通为吉州刺史。"

《宋会要》军赏类："（绍兴四年）十月二十六日，诏董旼特除正任观察使，陈桷特转三官除秘阁修撰，仍赐紫。以韩世忠言承、楚获捷功也。"（兵门卷一八之三四）

《忠武王碑》："捷书沓至，群臣入贺，太上曰：'世忠忠勇，朕知其必能成功。'赐札曰：'闻卿独抗大敌，剿杀犬羊数以万计，攘逐过淮，全师而还，甚慰朕望。兀朮举国来寇，凭陵边圉，非卿智勇冠世，忠义徇国，岂能冒犯矢石，率先士卒，以寡胜众。俊伟如此，朕深念卿躬擐甲胄之劳，将士摧锋力战之苦，凤霄震恻，痛切在躬。得卿来报，顿释朕怀。'

"初，虏既倾国内侮，朝廷过计，有劝太上他幸者，于是降旨议散百司，物论哗然。独宰相赵鼎与王议合，曰：'战而不捷，去未晚也。'至是，虏既溃败，王自淮上振旅凯旋，江左遂安。故论者以此举为中兴第一。"

《十将传》："捷闻，群臣入贺，上曰：'世忠忠勇，朕知其必能成功。'沈与求曰：'自建炎以来，将士未尝与金人迎敌一战，今世忠连捷以挫虏锋，其功不细。'上曰：'第优赏之。'于是部将董旼、陈桷、解元、呼延通等皆峻擢有差。故论者以此举为中兴武功第一。"

《十三处战功录》（《中兴战功录》）："韩世忠大仪镇（属扬州）：绍兴四年八月，逆豫遣其子麟、侄猊引虏兵渡淮，淮东宣抚使韩世忠自承州退保镇江府。九月己卯，韩世忠以所部过江，复如扬州。初，上以敌骑渡淮，再以札赐世忠，略曰：'今敌气正锐，又皆小舟轻捷，可以横江径渡，浙西趋行朝无数舍之远，朕甚忧之。建康诸渡旧为敌冲，万一透漏，存亡所系。朕虽不德，无以君国子民，而祖宗德泽犹在人心，所宜深念累世涵养之恩，永垂千载忠谊之烈。'世忠读诏感泣，遂进屯扬州。

"丙申，韩世忠以提举官董旻军于天长，以统制官解元军于高邮。时奉使魏良臣过扬，世忠置酒与别，杯一再行，流星庚牌沓至，良臣问故，世忠曰：'有诏移军守江。'乃命撤爨班师。良臣去，世忠度其已出境，乃上马令军中曰：'视吾鞭所向。'于是诸军大集。行至大仪镇，勒精兵为五阵，设伏二十馀处，戒闻鼓声则起而击之。

"良臣至虏军，虏问我军动息，良臣以所见对，大酋兀朮喜甚，勒兵趋江口，距大仪五里，其将孛堇挞也拥铁骑过吾军之东。世忠亲与呼延通率十馀骑绰路，去大仪十数里，遇虏人铁骑二百馀，世忠与通方立马议所以待之，有三四十骑直冲世忠，世忠与战不利，虏人有骁将独战世忠，世忠力疲坠马，几被执，通自后击虏杀之，世忠复得马，回顾虏人百馀骑，计得世忠，通据坡坂扼其路，以弓箭当之，世忠得免，遂传小麾鸣鼓，伏者四起，五军旗与虏旗杂出，虏军乱，弓刀无所施，而我师迭进，背嵬军各持长斧上砍人胸，下捎马足，虏全装陷泥淖中，世忠麾劲骑四面蹴之，大半乞降，馀皆奔溃，追杀十馀里，兀朮乘千里马以遁，积尸如邱垤，擒孛堇挞也、女真千户长五百馀人，获战马五百馀匹，器械辎重与平山堂齐，军势大振。

"兀朮还泗上，召良臣责其卖己，将斩之，良臣好词以免。

"董旻在天长，遇敌于鸦江桥，擒女真四十馀人。

"虏人侵高邮，未至三四十里，解元先知之，逆料虏人翌日食时必至城下，乃伏百人于要路，又伏百人于城之东北岳庙下，自引四百人伏于路之一隅，令曰：'虏人以高邮无兵，不知我在高邮，必轻易而进，俟虏人过，我当先出掩之，伏要路者见我麾旗则立帜以待，虏人进无路，必取岳庙路走矣。若果然，则伏者出。'众皆诺。又密使人伏樊良，俟虏人过则决河岸以阻其归路。食时，虏人果径趋城下，元密数之，有一百五十骑，乃以伏兵出，麾旗以招伏要路者，伏兵皆立帜以待，虏人大惊，踌躇无路，遂向岳庙走，元率兵追之，金人前遇兵，无所施其技，尽被擒，凡得一百四十八人，金牌、银牌与执事居其半。

"癸巳，世忠遣武功郎赵何来献捷，且奏通之功，乞优异推恩，授武功大夫、吉州刺史，世忠缴其告命，再奏乞重赏以劝将士，遂前阶官授吉州刺史。通，赞远孙也。元与旻各加正任观察使。"

《朱子语类》卷一三一《中兴至今日人物》："只有韩世忠在大仪镇算杀得虏人一阵好。高宗初遣魏良臣往虏中讲和，令韩世忠退师渡江，韩闻魏将至，知其欲讲和也，遂留之，云：'某方在此措处得略好，正抵当得虏人住。大功垂成，而主上乃令追还，何也？'魏云：'主上方与大金讲和，以息两国之民，恐边将生事败盟，故欲召公还，慎勿违上意。'韩再三叹息，以为可惜。又云：'既上意如此，只得抽军归耳。'遂命士卒束装，即日为归计，魏遂渡淮。兀朮问以韩世忠已还否，魏答以'某来时韩世忠正治叠行，即日起离矣'。兀朮再三审之，知其然，遂稍弛备。世忠乘其懈，回军奋击之，兀朮大败，魏良臣皇恐无地，再三哀求云：'实见韩将回，不知其绐己。'乃得免。"

〔**附录**〕庄季裕《鸡肋编》卷下："韩世忠轻薄儒士，常目之为'子曰'。主上闻之，因登对，问曰：'闻卿呼文士为"子曰"，是否？'世忠应曰：'臣今已改。'上喜，以为其能崇儒，乃曰：'今呼为萌儿矣。'上为一笑。后镇江帅沈晦因虏退锡宴，为致语曰：'饮罢三军应击楫，渡江金鼓响如雷。'韩闻之，即悟其旨，云：'给事，世忠非不敢过淮。'已而自起以大觥劝之，既而使诸将尽献。沈不胜杯杓，屡致呕吐，后至参佐僚属，斟既不满，又容其倾泻，韩怒曰：'萌儿辈终是相护。'又戏沈曰：'向道教给事休引惹边事。'盖指其词为引惹也。"

案：《嘉定镇江志》卷十五宋太守门载沈晦于绍兴四年以徽猷阁待制知镇江，上事如确有之，当即在是年大仪镇奏捷之后，因附著于此。

朝廷遣魏矼、田如鳌分往刘光世、张俊军前计事，并趣二人援公。

《要录》卷八十一："十月甲午，遣侍御史魏矼往刘光世军，监察御史田如鳌往张俊军前计事。时光世军马家渡，俊军采石矶，上命趣二人往援韩世忠，而光世等军权相敌，且持私隙，莫肯协心。矼至光世军中，谕之曰：'贼众我寡，合力犹惧不支，况军自为心，将何以战。为诸公计，当灭怨隙，不独可以报国，身亦有利。'光世意许，矼因劝之移书二帅，以示无他，使为犄角。已而二帅皆复书交致其情，光世遂以书奏于上。（熊克《小历》附此事于十月朔，恐太早。《日历》："十八日甲午，魏矼特引进对。""丙申，田如鳌状：奉旨差出计议军事，日下出门。"据此则矼等之行当在世忠捷奏之后。今并附甲午，更俟参考。）"

遇大礼恩，为长女乞封号，诏依所乞。

同书卷八十二："十一月丁巳，武成感德军节度使、开府仪同三司、淮南东路宣抚使韩世忠言：'遇大礼恩，乞长女封号。'吏部言'世忠非现任宰执，难以施行'。诏特依所乞。"

移军镇江。

同书同卷："戊午，金人陷滁州，于是淮西江东宣抚使刘光世移兵建康府，淮东宣抚使韩世忠移军镇江府，浙西江东宣抚使张俊移军常州。"

高宗幸平江，起用张浚知枢密院事，并命赴江上视师。

《要录》卷八十一："十月壬寅，御舟次姑苏馆，上乘马入居平江府行宫。"

《张浚行状》："（绍兴四年）九月，刘豫之子麟果引虏大兵由数路入寇，腾言侮慢，上下恟惧。上思公前言之验，罢宰相朱胜非，而参知政事赵鼎亦建请车驾幸平江，召公任事。遂以资政殿学士提举万寿观，兼侍读。……以十一月十四日入见，……即日复除公知枢密院事。……公既受命，即日赴江上视师。时大酋兀朮拥兵十万于维扬，朝廷先遣魏良臣、王绘奉使军前，还，夜与公逮于中涂，公问以虏事及大酋问答，良臣、绘谓'虏有长平之众，……又约韩世忠克日过江决战。'公密奏：'使人为虏恐怵，朝廷切不可以其言而动。及不须令更往军前，恐我之虚实反为虏得。'上然之。公遂疾趋临江，召大帅韩世忠、张俊、刘光世与议，且劳其军。"

金帅约战，公覆书应之。十二月庚子，金人全师退去。

《忠武王碑》："王在镇江，一日，方会诸将置酒，虏帅挞辣耻前败覆，以书币来约战，王即席遣伶人张钤、王愈持橘、茗为报，报书略曰：'元帅军事良苦，下谕约战，敢不疾治行李以奉承指挥也。'挞辣谋屈，卒不来，未几，全军遁去。"

《张浚行状》："令韩世忠移书兀朮，为言张枢密已在镇江。初，虏谍报公得罪远贬，故悉力来寇。至是，兀朮问世忠所遣麾下王愈：'吾闻张枢密贬岭外，何得已在此？'愈出公所下文书，兀朮见公书押，色动，即强言'约日当战'。公再遣愈以世忠书往问战期，愈回一日而虏宵遁。士马乏食狼狈，死者相属。遣诸将追击，所俘获甚众。"

《十将传》："时虏右副元帅挞辣屯泗州，右都监兀朮屯竹墩镇，为世忠所扼，以书币约战，世忠许之，且使两伶人以橘、茗报聘。会雨雪，虏馈道不通，野无所掠，至杀马而食。蕃汉军皆怨，兀朮夜引军还。刘麟、刘猊弃辎重遁去。于是江北之虏皆遁。"

《要录》卷八十三："十二月庚子，金人退师（《日历》：绍兴五年正月十三日枢密院札子："据刘光世、韩世忠、张俊申：敌马自十二月二十六日节次从楚州路遁走。"故系于此日）。初，右副元帅完颜昌在泗州，而右都监宗弼屯于竹墩镇，尝以书币遗淮东宣抚使韩世约战，世忠方与诸将饮，即席遣伶人张轸、王愈持橘、茗为报，报书略曰……（此据《世忠墓碑》增入。《张浚行状》云云。二书差不同，今但云敌遗世忠书，更须详考。但碑载此事于世忠凯旋之后则误也。《日历》，通书人乃王愈、王德，而《墓碑》云张轸、王愈，亦须详考。）时金师既为世忠所扼，会大雨雪，粮道不通，野无所掠，至杀马而食，蕃汉军皆怨愤。签军又为飞书掷于帐前云：'我曹被驱至此，若过江，必擒尔辈以献南朝。'俄闻上亲征，且知金主晟病笃，将军韩常谓宗弼曰：'今士无斗志，过江不叛者独常尔，他未可保也。况吾君疾笃，内或有变，惟速归为善。'宗弼然之，夜引还。全军已去，乃遣人谕刘麟及其弟猊，于是麟等弃辎重遁去，昼夜兼行三百馀里，至宿州方敢少憩。西北大恐。"

案：致书韩氏挑战之人，各书所载，或谓挞辣，或谓兀朮，李心传于《要录》中即已不能考定其究为何人，故但云敌遗世忠书而不及其名。至《张浚行状》中谓韩氏之覆书应战为出于张浚之指使者，则系夸大之词，盖朱子所作《行状》全据浚子栻之所述而稍加润色者，自不免有掠功之处。朱子语录中对此已颇露悔意，知其不尽可据也。

绍兴五年 乙卯（1135） 金熙宗亶天会十三年 伪齐刘豫阜昌六年 四十七岁

正月十八日除少保，与刘光世、张俊相继入觐。

《宋会要》三公三少类："五年正月十八日，武成感德军节度使、开府仪同三司、充镇江建康府淮南东路宣抚使韩世忠除少保。"（职官卷一之三）同书赉赐类："五年正月十九日，诏韩世忠、刘光世、张俊各赐银三千两、绢三千匹，赏其入觐，有却敌之功也。"（礼卷六二之五九）

《要录》卷八十四："绍兴五年春正月壬戌，武成感德军节度使、开府仪同三司、充镇江建康府淮南东路宣抚使韩世忠为少保，充淮南东路宣抚使，镇江府置司。时世忠与刘光世、张俊相继入觐，世忠奏'敌骑遁去，陛下必喜'。上曰：'此不足喜，若复中原，还二圣，乃可喜耳。然有一事：以卿等将士贾勇争先，非复昔时惧敌之比，所喜盖在此也。'……

"癸亥，诏韩世忠、刘光世、张俊各赐银帛三千匹两，异姓亲补承信郎者二人，一子五品服，有服亲封孺人者三人，冠帔五道。

"戊辰，上谓大臣曰：'刘光世、韩世忠、张俊相继入觐，朕嘉其却敌之功，赐赉甚厚。朕服御物有可予者，亦以予之，皆拜赐涕泣，愿身先士卒，图复中原以报。'赵鼎曰：'此社稷之幸也。'"……

《十将传》："五年，进少保。"

《忠武王碑》："除少保、武成感德军节度使、淮南东路宣抚使，镇江置司。"

案：韩氏于绍兴五年除少保，各书所载皆同，唯《忠武王碑》叙其事于挞辣移书约战之前，误也。

壬申，与刘光世、张俊同入辞，高宗谕以应释嫌结欢，皆感泣奉命。

《要录》卷八十四："壬申，刘光世、韩世忠、张俊入辞，尚书右仆射赵鼎、知枢密院事张浚、参知政事沈与求、签书枢密院事胡松年侍。上命光世等升殿，谕曰：'敌人南侵，诸名将皆在其中，盖有侵噬江浙之意，赖卿等戮力捍敌，卒伐奸谋，使其失利而去，朕甚嘉之。然中原未复，二圣未还，朕心慊然。卿等其勉之。'光世曰：'臣等蒙国厚恩，敢不效死。'鼎曰：'臣闻降人程师回言，逆臣刘豫给金人云：光世、世忠比失欢。及至淮甸，异所闻，其气已沮矣。'上曰：'有告朕光世、世忠坐少嫌，意不释然者，烈士当以义气相许，先国家之急而后私仇，小嫌何足校。昔寇恂戮贾复部将，复以为耻，深衔之。光武曰：天下未定，两虎安得私斗，今日朕分之。于是并坐极欢，共车同出，结友而去。光世、世忠纵有睚眦，今日朕为分之，宜释前憾，结欢如初。'光世、世忠感泣再拜曰：'臣等顷过听，尝有违言，至于国事，不敢分彼此，今已相好无他矣。乃烦君父训饬丁宁，臣等皇惧无所容，敢不奉诏！'鼎等顿首贺。上曰：'将帅和，社稷之福也。'上命近侍出内金盘尊罍赐光世、世忠、俊，酒一行，光世等饮之釂，并所饮器赐之。陛辞而退。……诏光世妻汉国夫人向氏，俊妻华原郡夫人魏氏并特给内中俸，如世忠妻例。"

沈与求《龟溪集》卷四《赐刘光世韩世忠张俊诏》："朕自渡江以来，志在恢复，深惟足食足兵之计，夙夜疚怀。凡财赋所入，未尝一毫妄费，悉用以养兵而已。故比年训练士卒精强，而器械亦皆犀利，比之曩昔，实不相侔，是以去冬敌人之来，卒赖卿等极力捍御，致彼遁归，盖前此所未有也，朕甚嘉之。然中原之未复，二圣之未还，而僭伪之徒，方挟强国之援，狡谋日急，顾我所以胜之者，惟是上下内外合为一家，如报私仇，乃克有济。倘或各以其职,自分彼此,日复一日,成功实难。卿为国重臣,安危所系,谅必察此,不待朕言。今国用空殚,民力耗竭,虽有司锱铢积累,而费出之数,日以寝广。苟无以继,何以聚人?每一念之,心常怵惕,想卿亦为朕虑及此也。至于差辟官属,保明功赏,军须用度之类,更在精核,勿至泛滥,使赏当而罚禄不私,用足而资给不匮,则存养事力,渐图进取,朕与卿等同享无穷之利,顾不美哉。布朕此意,卿宜悉之。"

二月壬午,高宗返临安。

《要录》卷八十五:"二月(乙亥朔)壬午,御舟至临安府,……上乘辇还行宫。"

闰二月,公举军渡江,屯楚州以撼山东。

《张浚行状》:"上还临安,公留相府。未阅月,复出江上劳军。至镇江,召韩世忠,亲谕上旨:举军前屯楚州以撼山东。世忠欣然受命,即日举军渡江。"(《系年要录》卷八十六同)

以王璲军万五千人隶公麾下。

《要录》卷八十六:"闰二月丁卯,除授神龙卫西厢都指挥使、建武军承宣使、权主管侍卫马军司公事王璲提举江州太平观,免辞谢。初,璲既除骑帅,而侍御史张致远奏璲之罪恶不在辛企宗下,而善交结则过之。……殿中侍御史张绚奏璲之败师误国,擢发莫数其罪。……璲闻,亦奏辞新命,乞在外宫观。乃诏权主管侍卫步军司公事,而以璲万五千人隶淮东宣抚使韩世忠。后三日,又从璲奏,罢军职。"

以措置屯田,建请收买耕牛,趁时耕种。诏赐福建耕牛千头。

《宋会要》营田杂录类:"(绍兴)五年闰二月二十八日,诸路军事都督行府言,淮南东路宣抚使韩世忠言:'见措置屯田,乞收买耕牛,趁时耕种。今措置下项:一、浙东、福建系出产耕牛去处,欲令两路各收买水牛一千头,并依市价,委税务官一员,置场和买,限三个月数足。一、逐路买到耕牛,每一百头作一纲起发,日行三十里,选差兵士二十人、将校节级各一名管押,赴淮东宣抚使司交纳。仍每头用牌子标号齿口格尺,别用申状依此开具,令宣抚司照会交割,以防换易。一、牛纲所至去处,并仰依数应付草料,不得违滞。一、合千人并仰如法餵养,不管瘦损,每纲交纳了毕,如倒死不及五厘,将校、节级并与转一资,管押人支赐银绢各一两匹。如死损过分,从杖一百科罪,仍依元买价赔偿。'诏令章傑措置收买一千头,馀依。"(食货门卷二之一三)

《要录》卷八十六:"闰二月壬申,命经制福建财用章傑市耕牛千头赐韩世忠,为淮东屯田之用。选军校部送,十不失一者迁资给赏,所失过分者抵罪,乃责偿之。"

遣参谋官陈桷入朝,乞兵守建康。

同书卷八十七:"三月(甲戌朔)丁丑,起复秘阁修撰、淮东宣抚司参谋官陈桷入对。右仆射赵鼎奏:'臣已细询桷,据言:韩世忠已过淮南,视控扼之所。桷今来乞兵守建康,盖欲张俊分占江上,同负此责。臣以通、泰盐利为重,乞饬世忠且在承、楚捍敌,或采石等处有警,即令引前军趋江东或浙西,而通、泰盐利在所不顾也。桷又言世忠军老幼在镇江非便,臣与桷议,欲令迁平江,桷以为然,此亦张俊之意也。'"

诏兼镇江府宣抚使。

同书同卷:"己卯,淮西宣抚使刘光世兼太平州宣抚使,淮东宣抚使韩世忠兼镇江府宣抚使。"

高宗以公率大军发镇江，特赐手札奖劳。

同书同卷："甲申，淮东宣抚使韩世忠以大军发镇江。世忠将行，上赐手札曰：'昨因敌退，议者以经理淮甸为言，人多惮行，卿独请以身任其责，朕甚嘉之。'翌日，赵鼎进呈世忠已过淮南，乞遣中使抚问，上曰：'当别有所赐。近刘光世进马来，问朕乞花瓶，已辍玉瓶赐之矣。'乃复赐世忠银合茶药，且以手札劳之曰：'今闻全师渡江，威声遐畅。卿妻子同行否？乍到，医药饮食，或恐未备，有所须，一一奏来也。'"

《忠武王碑》："诸将徘徊顾望，无敢渡江者，王独请移军穷边，经理中原。太上赐札曰：'昨因虏退，议者以经理淮甸为言，人多惮行，卿独慨然请以身任其责，朕用嘉之。'又曰：'今闻全师渡江，威声遐畅，卿妻子同行否？乍到，医药饮食，或恐未备，有所须，一一奏来也。'"

大军至山阳，公亲披荆棘以立军府，与士卒同力役。夫人梁氏亲织薄以为屋。时山阳残敝，乃抚集流散，通商惠工，遂为重镇。

《要录》卷八十七："甲申，……时山阳残弊之馀，世忠披荆棘，立军府，与士卒同力役，其夫人梁氏亲织薄为屋。将士有临敌怯懦者，世忠遗以巾帼，设乐大燕会，俾为妇人妆而耻之。军垒既成，世忠乃抚集流散，通商惠工，遂为重镇。"

《忠武王碑》："时楚累经残掠，邑屋皆丘墟榛棘。王至，则抚集流亡，通商惠工，创新营垒，民心安固，军气日益振厉。于是曩时煨烬瓦砾之场，化为雄都会府，隐然为国长城矣。"

《十将传》："楚疲弊之馀，世忠拔草莱，立军府，与士同力役，夫人梁氏亲织薄为屋。将士有怯战者，世忠遗以巾帼，设乐大燕，俾为妇人妆以耻之。故人人奋厉。且抚集流散，通商惠工，山阳遂为重镇。"

四月，以公纪律严明，诏学士院降诏奖谕。

《要录》卷八十八："四月（甲辰朔）庚申，诏韩世忠纪律严明，岳飞治军有法，并令学士院降诏奖谕。时世忠移屯淮甸，军行整肃，秋毫无犯。飞移军潭州，所过不扰，乡民私遗士卒酒食，即时偿直。上闻之，故有是诏。"

遣公兄世良赴军前抚问。

同书同卷："甲子，遣带御器械韩世良往韩世忠军前抚问。上召对而遣之。"

令提举官董旻以屯楚州事入奏，高宗亲笔谕如所奏。张浚以是请祠。

同书卷九十："六月（癸卯朔）甲寅，尚书右仆射、都督诸路军马张浚乞在外宫观。先是，浚与淮东宣抚使韩世忠议，令举军屯泗上，既而世忠退屯楚州，且令提举官董旻入奏事，浚遂请祠。赵鼎进呈，上曰：'浚未必知此间曲折，故有此请。昨日朕已降诏谕之矣。世忠移屯既略如初议，浚复何疑？'鼎曰：'臣等各已作书详报浚矣。董旻亦谓他日有警，老小必移归镇江，则积粮淮南非便。浚必具晓此意。'沈与求曰：'闻浚与世忠初议屯泗上，既而世忠退屯承、楚之间，则已与浚初议小异矣。若缓急之际，老小必须动，则储粮南岸，逐旋般运，似极稳当。'上曰：'朕见旻所请似合宜。'乃以亲笔谕世忠如所奏。"

《忠武王碑》："王上奏极论虏情叵测，其将以计缓我师，乞独留此军，遮蔽江淮。太上赐札曰：'览奏，欲依旧留屯淮甸，誓与敌人决于一战，已悉。朕迫于强敌，越在海隅，每慨然有恢复中原之志，顾以频年事力未振，姑郁郁于此。自去冬敌人深入，卿首剺其锋,鼓我六师,人百其勇,既至,彼潜师引遁,而卿复率先移屯淮甸,进取之计,恃此为基,朕甚嘉之。前日恐老小或有未便,委卿相度,今得所奏,益见忠诚,虽古名将,亦何以过。使朕竦然兴叹,以谓有臣如此,祸难不足平也。古人有言:阃外之事,将军制之。今既营屯安便,控制得宜,卿当施置自便,勿便拘执。至于军饷等事,已令三省施行。'"

案:此段原在"既而秦桧议和,诸帅已屯建康及武昌,诏王㒡屯京口"云云之下,《系年要录》即依此次第而载此诏于绍兴七年十二月内。查此诏本沈与求所草,迄今犹存《龟溪集》内。文字与碑中所载相同,唯"亦何以过"作"殆无以过","已令三省施行"下犹有"方此酷暑,将士良劳,行饬使人赍赐夏药抚问,卿并宜知之"诸句。既云"酷暑",则不合系于冬季。且沈与求于绍兴四年七月自知镇江府召入为吏部尚书兼翰林学士,同年九月除参知政事,六年二月罢参政,七年六月卒。各事具见《宋宰辅编年录》及《龟溪集》李彦颖、张叔椿两序文。是知此诏之作必在沈氏身居政府之日,不得在七年冬也。诏中以"去冬敌人深入,卿首剉其锋"上承"频年事力未振"之句,则所谓"去冬"之事当即指大仪镇之捷而言,若在绍兴七年则不得作此语也。且若果在高宗、秦桧均已决心屈已议和之时,亦断不得再作"进取之计"及"施置自便"云云诸诏,此又事理之极明显者。不知何以赵雄、李心传均漫不加察而误系于彼时也。兹改著于此,并附纠二氏之谬焉。

《要录》卷九十一:"秋七月壬申朔,赵鼎奏淮东宣抚司提举官董旻赍亲笔至军前,谕移屯事,韩世忠拜诏感泣。上曰:'卿可作书报张浚此事,张浚亦必喜。今日庙堂不比靖康间有妨功害能之人,凡军旅事,彼此议定,然后行之。'"

《龟溪集》卷四《赐张浚诏》:"览奏,为韩世忠移屯事,遽有外祠之请，良用怃然。卿谋虑精审，宜无遗策，而世忠遣济等来固自有意，继遣攽至，陈义激昂，其所设施略如初议，至其曲折，方适厥中，卿复何疑而有斯请？比以亢旱，鼎等方求罢政，使朕茫然莫知所措，已降诏趣还朝，当体朕怀，即日引道，勿惮徒御之劳也。"

《张浚行状》："始公定议，令韩世忠屯承、楚，于高邮作家计，及公出征而廷议中变，公复请去，上悟，优诏从公初计。"

> 案：张浚初议乃欲韩氏屯泗上，其后韩氏终以顾虑形势而屯承、楚，且为高宗所特允，均与张浚初议不合，《行状》云云，误也。

岳飞破杨幺，以所获楼船及兵徒战守之械赠公，公大悦，遂释前憾。

《要录》卷九十："六月丁巳，时淮东宣抚使韩世忠、江东宣抚使张俊皆已立功，而飞以列校拔起，世忠、俊不能平。先是，飞皆屈己下之，数通书俱不答。及飞破杨太，献楼船各一，兵徒战守之械毕备，世忠始大悦，而俊益忌之。"

八月，遣统领官韩彦臣等袭伪齐镇淮军，获其知军王拱等，献于朝。

同书卷九十二："八月（壬寅朔）己未，淮东宣抚韩世忠遣统领官韩彦臣等袭伪镇淮军，获知军成忠郎王拱等，遣亲校温济献于朝。诏贷拱罪，以本官隶忠锐第五将。上因言：'宿迁伪官，本吾赤子，他时边臣，如此等小吏不须赏，庶免生事。今世忠既有请，可量与推恩。'"

《忠武王碑》："刘豫间遣兵入寇，每为王所攻却，生擒伪知镇淮军王拱，及食粮军数百，献于朝。"

《十将传》："刘豫兵数入寇，辄为世忠所击却，尝生擒其伪知镇淮军王拱献之行在。"

夫人梁氏卒，诏赐银五百两，绢五百匹。

《要录》卷九十二："丁卯，淮东宣抚使韩世忠妻秦国夫人梁氏卒，诏赐银帛五百匹两。"

《宋会要》赗赠类："少保、武成感德军节度使、淮南东路宣抚使韩世忠，（绍兴五年）八月，以妻秦国夫人梁氏亡，赐银绢五百匹两。"（礼门卷四四之二〇）

伪齐以沂、海等州签军攻犯涟水军，公遣统制官呼延通等引兵击殪之。

《要录》卷九十四："冬十月（庚子朔）乙丑，淮东宣抚使韩世忠奏伪齐遣沂、海等州签军攻犯涟水军，世忠遣统制官吉州刺史呼延通等引兵击殪之，所脱无几。上曰：'中原赤子，为豫逼胁，死于锋镝，良可悯也。可令收拾遗骸埋瘗，设水陆斋追荐。仍出榜晓谕，使彼知朝廷矜恤之意。'乃赐通袍带，将官拱卫大夫、贵州刺史王权已下金碗。仍以通为果州团练使，权领果州团练使，馀将士推恩有差。"

《忠武王碑》："是年虏又犯涟水，王迎击，杀其将孙统领，追至金城。"

● 绍兴六年　　　金熙宗亶天会十四年　　　四十八岁
　　丙辰（1136）　伪齐刘豫阜昌七年

正月，上疏请倚阁合得俸禄，俟中原恢复后支请，优诏不许。

《要录》卷九十七："绍兴六年春正月（己巳朔）癸未，淮东宣抚使韩世忠言：'恭惟主上当焦劳之日，减放宫女，节省中禁之费，务为勤俭以率天下，在于臣子宜上体天心。伏自国家多事以来，养赡军旅，调赋日新，所费不赀。世忠积俸之馀，尚可支吾，愿将世忠合得俸禄，一切倚阁，俟至恢复中原，职方贡赋咸入天府，然后请于有司。'优诏不许。"

二月，诏兼营田大使。

《宋会要》营田杂录类："（绍兴六年）二月三日，诏淮南西路兼太平州宣抚使刘光世、淮南东路兼镇江府宣抚使韩世忠、江南东路宣抚使张俊，并兼营田大使。"（食货门卷二之一六）

《要录》卷九十八："绍兴六年二月（己亥朔）庚子，江西制置大使李纲、湖南制置大使吕颐浩并兼本路营田大使。翌日，诏淮西宣抚使刘光世、淮东宣抚使韩世忠……亦如之。"

张浚视师江上，命公自承、楚以图淮阳。是月乙卯，公引兵至宿迁县。翌日围淮阳，与伪齐刘猊及金兀朮兵战，数败之，凡七日，引兵归楚州。

《张浚行状》："六年正月，……至江上会诸帅议事，命韩世忠据承、楚以图淮阳，命刘光世屯合淝以招北军。……公于诸将中尤称韩世忠之忠勇，岳飞之沈鸷，可倚以大事。世忠在楚州时，入伪地叛贼颇聚兵，世忠渡淮击败之，直引兵至淮阳而还，士气百倍。上手书赐公曰：'世忠既捷，整军还屯，进退合宜，中外忻悦。每患世忠发愤直前，奋不顾身，今乃审择利便，不失事机，亦卿指授之方。'"

《十将传》："时张浚以右相视师，命世忠自承、楚图淮阳。刘豫方聚兵淮阳，世忠即引兵渡淮，旁符离而北，至其城下，为贼所围，奋戈一跃，溃围而出，不遗一镞。其裨将呼延通与金将牙合孛堇搏战，扼其吭而擒之，乘锐掩击，虏败去。

"既而围淮阳，贼坚守不下。虏为之相约曰：'受围一日，则举一烽。'至是，六烽皆举，兀朮与刘猊皆至。世忠求援于张俊，而俊以世忠有见吞意，不从。世忠勒阵向敌，遣人语虏曰：'锦衣骢马立阵前者，韩相公也。'或危之，世忠曰：'不如是不足以致敌。'虏果至，杀其引战者二人，虏遂引去。寻有诏班师，复引兵归楚州，淮阳之民从而南归者以万计。闻之督府，授以田。"

《忠武王碑》："时（刘）豫之锐卒尽屯宿迁圣女墩，王以轻兵破之。转战至徐之驾口，军既单弱，而虏援兵讹里耶索、贾舍人至，遂以背嵬轻骑五百冲之，为虏所围，王突围拔众以出，复乘锐掩击，过落马湖五十馀里，杀伤不可计。

"攻淮阳，且暮且下，会诏班师，王亟还，道遇伪齐帅刘猊率金国三路都统太一孛堇、凿山水晶相公，青州五路都统，东平府总管，及兀朮举兵自河间与诸道会。王结阵向敌，遣小校郝彦雄造其军，大呼曰：'锦袍，毡笠、骢马立阵前者，韩相公也。'众咎王，王曰：'不如是，不足以致敌。'及虏骑至，王先以数骑挑之，杀其引战者二人，诸将乘之，大破虏众，暴尸三十里。"

《要录》卷九十八："二月乙卯，淮东宣抚使韩世忠引兵至宿迁县，执金人之将贝勒雅哈。时刘豫聚兵淮阳，世忠欲攻之，乃引兵踰淮西，旁符离而北。前一日，遣统制官岳超以二百人硬探，伪知邳州贾舍人者，亦以千骑南来，与之遇，众欲不战，超曰：'遇敌不击，将何以胜敌？'鸣鼓起，率众突入阵中，出入数四，敌乃还。

"翌日，世忠引大军进趋淮阳城下，命统制官呼延通前行，世忠自以一骑随之，行二十馀里，遇金人而止。世忠升高丘以望通军，通骑至阵前请战，金将贝勒雅哈大呼令解甲，通曰：'我乃呼延通也。我祖在祖宗时杀契丹立大功，誓不与契丹俱生，况尔女真小国，侵犯王界，我肯与尔俱生乎？'即驰刺雅哈，雅哈与通交锋，转战移时不解，皆失仗，以手相格，去阵已远，逢坎而坠。二军俱不知。雅哈刃通之腋，通扼其吭而擒之。

"既而世忠为敌所围，乃披甲不动，俄麾其众曰：'视吾马首所向。'奋戈一跃，已溃围而出，不遗一镞，世忠曰：'敌易与耳。'

复乘锐掩击，敌败去。

"丙辰，韩世忠围淮阳军。

"辛酉，韩世忠自淮阳引兵归楚州。世忠既围城，敌坚守不下。刘豫遣使入河间求援于金右副元帅宗弼。先是，金、伪与其守将约：受围一日，则举一烽，每日益之。至是，城中举六烽，刘猊与宗弼皆至。世忠之出师也，请援于江东宣抚使张俊，俊不从，世忠乃还。道遇金师，世忠勒阵向敌，遣小校郝彦雄造其军，大呼曰：'锦袍、骢马立阵前者，韩相公也。'众咎世忠，世忠曰：'不如是不足以致敌。'及敌至，世忠以数骑挑之，杀其引战者二人，诸军乘之，敌败去。（赵雄撰《世忠碑》云："攻淮阳，旦暮且下，会诏班师，王亟还。"此与赵甡之《遗史》所书不同。案：世忠实以无援而退，非得城而不取也。今从《遗史》。碑又云："大败敌众，暴尸三十里。"恐亦不然。盖雄所撰碑，第据当时功状，不参考他书故也。今不尽取。）淮阳民从军南归者万数，都督行府悉授田居之。上闻，诏州县存恤之，毋令失所。"

《墓志》："刘豫聚兵泗上，公戍山阴，与之对垒，屡战破之。尝乘胜逐北，踰淮泗，并符离，经淮阳之宿迁，豫亟召北军四面而至，围之数重，公按甲不动，俄麾其众曰：'视吾马首所向。'奋戈一跃，已溃围而出，不遗一镞，按辔而旋。公曰：'虏易与耳。'益治兵赴利进攻淮阳。"

三月，迁京东淮东宣抚处置使。

《十将传》："三月，诏除京东淮东宣抚处置使、兼节制镇江府，仍楚州置司。"

《要录》卷九十九："三月（戊辰朔）已巳，少保、武成感德军节度使、淮南东路兼镇江府宣抚使韩世忠为京东淮东宣抚处置使，兼节制镇江府，徙镇武宁、安化，楚州置司。"

《忠武王碑》："改除武宁安化军节度使、依前少保、充京东淮东路宣抚处置使、兼营田大使,楚州置司,兼节制镇江。"

案:《忠武王碑》原叙改除事于上年三月自镇江移屯楚州之前,甚误,今移次于此,庶不乖实。

时张浚仍欲倚公以进图淮北,以兵少未果。

《要录》卷九十九:"乙亥,诏江东宣抚司统制官赵密、巨师古军并权听殿前司节制。时都督张浚在淮南,谋渡淮北向,惟倚韩世忠为用,世忠辞以兵少,欲摘张俊之将赵密为助。浚以行府檄俊,俊拒之,谓世忠有见吞之意。浚奏乞降圣旨,而俊亦禀于朝。赵鼎白上曰:'浚以宰相督诸军,若号令不行,何以举事。俊亦不可拒。'乃责俊当听行府命,不应尚禀于朝。复下浚一面专行,不必申明,虑失机事。时议者以为得体。至是,浚终以俊不肯分军为患,鼎谓浚曰:'世忠所欲者赵密耳,今杨沂中武勇不减于密,而所统乃御前军,谁敢觊觎?当令沂中助世忠。却发密入卫。俊尚敢为辞耶?'浚曰:'此上策也,浚不能及。'(此以熊克《小历》修入。但克系于今年八月俊入奏之后,盖不知其日月也。案《日历》:今年二月二十日戊午,有旨:杨沂中赴都督行府使唤。三月八日己亥,有旨:赵密权听殿前司节制。此事正与克所云相合。但其后世忠兵未出,而金重兵犯淮西,反以沂中隶俊,盖临机区处,非夙议也。故表而出之,以补史阙。)"

遣陈桷等赴行在奏捷。

《要录》卷九十九:"三月辛卯,京东淮东宣抚处置使韩世忠奏捷。上因语及'世忠将所得青、徐州土兵弓箭手皆放归,甚善。朕思之,不若更与数百钱令去。此事虽非急务,然使中原之人,知朝廷恩意,纵被刘豫父子驱率,亦岂肯为之尽力。'顾赵鼎曰:'卿可作书速谕张浚。'"

同书卷一百:"夏四月(壬戌朔)壬子,韩世忠遣参谋官右朝散大夫秘阁修撰陈桷、参议官右通直郎新知建昌军张称、干办公事右承直郎窦灏等来奏捷，上引对，诏桷进一官，称直秘阁，灏特改右宣教郎。

"甲寅，京东淮东宣抚处置使司统制官、果州团练使呼延通特迁永州防御使，诸将王权、刘宝、岳超、许世安、刘锐、崔德明、单德忠、杜琳等十八人并进官有差。赏淮阳之捷也。是役也，将士受赏者万七千人，论者或以为过云。"

朝廷遣公兄世良再往楚州军前抚问，并颁两镇节度使印。

同书同卷："壬寅，遣带御器械韩世良往楚州军前抚问，以淮阳之捷故也。仍以两镇节度使印赐世忠。"

特授横海、武宁、安化军节度使，赐号扬武翊运功臣。

同书同卷："甲子，少保、武宁安化军节度使、京东淮南东路宣抚处置使韩世忠赐号扬武翊运功臣，加横海、武宁、安化军节度使，赏淮阳之捷也。韩世忠乞犒军银帛三万匹两，诏以五千予之。节度开三镇，大将赐功臣号，皆自此始。"

《十将传》："四月，赐号扬武翊运功臣，加横海、武宁、安化三镇节度使，赏淮阳之功也。"

《忠武王碑》："捷闻，太上赐札曰：'卿诚存报国，义独奋身。长驱济淮，力战破贼。俘获群丑，抚辑遗黎，眷言忠劳，实所嘉叹。然王师之出，本以吊民；上将之威，尤宜持重。军旅之外，毋爽节宣。深体至怀，副朕倚注。'特授横海、安化军节度使，赐扬武翊运功臣，依前少保，充京东淮南东路宣抚处置使、兼营田大使。"

五月，以淮阳之俘入献。

《要录》卷一百一："五月（戊辰朔）甲戌，武议大夫、带御器械韩世良自楚州以淮阳之俘入献。诏迁一官。"

诏以平江府陈满塘地赐公。

同书同卷:"丙辰,诏以平江府陈满塘地赐韩世忠。以世忠归所赐南园而请佃塘地,故拨赐焉。"

七月,奏劾属官陈桷。得诏奖谕。

同书卷一百三:"秋七月(丁卯朔)辛未,起复右文殿修撰、京东淮东宣抚处置使司参谋官陈桷落职,令吏部差监澧州在城酒务。先是,韩世忠遣桷陈乞淮阳功赏,而桷以空名印纸增填其从行吏士,冒赏者众,为世忠所劾,故黜之。

"丁丑,赐京东淮东宣抚处置使韩世忠、淮西宣抚使刘光世诏书奖谕。时右司谏王缙论唐郭子仪、浑瑊皆于唐室有大功,而恭慎抑畏,故能以功名终始。近者淮西以麾下将领有欺隐军人之券,淮东以幕中参佐有妄冒将士之赏,皆能按劾闻奏,以俟诛戮,小心恭慎,有足嘉尚,望特降诏奖谕。……故有是赐。"

九月,高宗幸平江,公自楚州往朝。

同书卷一百五:"九月丙寅朔,上发临安府。……癸酉,上次平江府。

"乙亥,韩世忠自楚州来朝,上特宴世忠,令入内,内侍省都知黄冕押伴。上督世忠进兵,世忠不从。(此据赵甡之《遗史》,《日历》不书世忠入见,但于今月十五日书世忠辞免御筵。今并附此。)

《十将传》:"九月,上在平江,世忠自楚州来朝。"

十月,引兵渡淮,与金将讹里也孛堇力战。既而还楚州,扼伪齐兵使不得进,于是杨沂中大败伪齐刘猊于藕塘。

同书:"十月,边报不一,刘光世欲弃庐州回太平,张俊亦请益兵，都督张浚曰：'今日之事，有进击，无退保。'于是世忠引兵渡淮，与虏将讹里也孛堇力战。刘猊将寇淮东，为世忠之兵所扼，不得进，于是杨沂中有藕塘之胜。"

《要录》卷一百六："冬十月（乙未朔）丙申，于是淮东宣抚使韩世忠统兵过淮，遇敌骑，与阿里雅贝勒等力战，既而亦还楚州。……时刘猊将东路兵至淮东，阻世忠承、楚之兵不敢进，复还顺昌。（刘）麟乃从淮西系三浮桥而渡。于是贼众十万已次于濠、寿之间，江东宣抚使张俊拒之，即诏并以淮西属俊。主管殿前司杨沂中为俊统制官，浚遣沂中至泗州与俊合。……戊戌，沂中至濠州。

"会刘光世已舍庐州而退，浚甚怪之，即星夜至采石，遣人喻光世之众曰：'若有一人渡江，即斩以徇。'且督光世复还庐州。……上亲笔付沂中：'若不进兵，当行军法。'光世不得已，乃驻兵与沂中相应，遣统制官王德、郦琼将精卒自安丰出谢步，遇贼将崔皋于霍邱，贾泽于正阳，王遇于前羊市，皆败之。

"是日，贼攻寿春府寄治芍陂水寨，守臣阁门祗候孙晖夜劫其寨，又败之。

"甲辰，沂中至藕塘，与猊遇。贼据山险，列阵分向，矢下如雨。沂中曰：'吾兵少，情见则力屈，击之不可不急。'乃遣摧锋军统制吴锡以劲骑五千突其军，贼兵乱，沂中纵大军乘之，自将精骑绕出其胁，短兵接，即大呼曰：'破贼矣！'贼方愕视，会江东宣抚司前军统制张宗颜等自泗州南来，率兵俱进，贼众大败。猊以首抵谋主李谔曰：'适见一髯将军，锐不可当，果杨殿前也。'即以数骑遁去。馀党犹万计，皆僵立骇顾，沂中跃马前叱之曰：'尔曹皆赵氏民，何不速降？'皆怖伏请命。官军获李谔与其大将李亨等数十人。麟在顺昌闻猊败，拔寨遁去。光世遣王德追击之。先是，上赐德亲札，谕令竭力协济事功，以副平日眷待之意。德奉诏，与沂中追麟至南寿春而还。是役也，通两路所得贼舟数百艘，车数千两,器甲、金帛、钱米、伪交钞、告敕、军须之物,不可胜计。于是孔彦舟围光州,守臣敦武郎王莘拒之,彦舟闻猊败,亦引去。北方大恐。"

十一月,以扼拒敌师,赐诏奖谕,并遣内侍卢祖道往军前抚问。

同书同卷:"十有一月(乙丑朔)庚辰,诏韩世忠驻军淮上,简练有方,金、豫畏服,不敢轻犯,令学士院降诏,遣内侍卢祖道往军前抚问,仍以银合茶药赐之。"

十二月,引兵攻淮阳军,败之。

同书卷一百七:"十有二月(甲午朔)戊戌,京东淮东宣抚处置使韩世忠引兵攻淮阳军,败之。(此据赵甡之《遗史》。《国史》及世忠碑志皆无之。《日历》:绍兴七年正月十六日戊寅,京东淮东宣抚处置使司差右武大夫刘寅赍捷报前来行在所投进,有旨:刘寅特与转一官回授,即此事也。)"

● 绍兴七年　　金熙宗亶天会十五年　　　　四十九岁
　丁巳(1137)　伪齐刘豫阜昌八年

春正月,高宗在平江。公以还军楚州事上奏。

《要录》卷一百八:"绍兴七年春正月癸卯朔,上在平江。

"辛巳,韩世忠奏已还军楚州。上因谕'淮阳取之不难,但未易守。'张守曰:'必淮阳未可进,故世忠退师。'张浚曰:'昔西伯戡黎,祖伊恐,奔告于受,以要害之地不可失也。淮阳今刘豫要害之地,故守之必坚。'上曰:'取天下须论形势,若先据形势,则馀不劳力而自定矣。正如弈棋,布置大势既当,自有必胜之理。'"

二月，高宗巡幸建康。三月朔日，公以亲兵扈驾。

同书卷一百九："二月（癸巳朔）庚子，诏巡幸建康，可令有司择日进发。

"己未，上发平江府。

"三月癸亥朔，上次丹阳县，京东宣抚处置使韩世忠以亲兵赴行在，遂卫上如建康。

"辛未，上次建康府。"

增大高邮城，民恃以无恐，家立生祠以报。

《忠武王碑》："以承、楚单弱，正当寇冲，寇至无以守，乃增大其城，身自督役，役不劳而城固，民恃以无恐。家立生祠以报。"

《十将传》："七年，筑高邮城，民益安之。"

案：增筑高邮城事，《要录》不载，其月日不可知，姑次于此。

公先后屡遣间中原结豪俊，多愿奉约束者。

《十将传》："初，世忠移屯山阳，遣间结山东豪杰，期缓急为应，宿州马秦及太行群盗，多愿奉约束者。"

《忠武王碑》："先是，移岊阳，与敌接境，王乃多遣间结山东豪俊，俾缓急为应，东人及太行群盗多愿奉约束者。"

八月，诏公与张俊同入见，议移屯。九月，二人同造行朝。

《要录》卷一百十三："八月（辛卯朔）丙辰，右司谏王缙入对，言：'……今张浚引咎求罢，方防秋之际，二大将又入奏事，朝无宰相，无乃不可乎。'时已诏韩世忠、张俊入见，议移屯，故缙言及之。"

同书卷一百十四:"九月(庚申朔)丁卯,京东淮东宣抚处置使韩世忠、淮西宣抚使张俊皆入见,议移屯。秦桧曰:'臣尝语世忠、俊:主上倚两大将譬如两虎,固当各守藩篱,使寇盗不敢近。'上曰:'此喻犹未切,政如左右手,岂可一手不尽力也。'乃命俊将所部自盱眙移屯庐州。"

冬十月,公图上淮阳形势,且欲遣偏师破伪兵,不允。

同书卷一百十五:"冬十月(庚寅朔)癸卯,初,京东淮东宣抚处置使韩世忠遣亲校温济来奏事,且图上淮阳形势,言贼并淮阳增筑保障,欲遣偏师平之,使济谂于朝,上戒济曰:'归语汝帅,当出万全,不宜轻动,以贻后悔。'济既禀命,复要他日将帅之赏,上曰:'有功则当赏,但须核实,然后有功者劝。世忠既以状来上,则朝廷不欲违。如去年攻淮阳,赏一万七千馀人,人不以为当也。'济恐悚奉诏。至是,赵鼎奏济已行,上曰:'昨呼来训饬之矣。'(熊克《小历》称世忠使其属官温济谂于朝,按济乃世忠军中事务官,非属官也。)"

十一月,金人废伪齐刘豫为蜀王。

同书卷一百十七:"十有一月(己丑朔)乙巳,金右副元帅沈王宗弼执伪齐尚书左丞相刘麟于武城。先是,金主亶已定议废豫,会豫乞师不已,……于是尚书省上豫治国无状,金主亶下诏责数之,略曰:'建尔一邦,逮兹八稔。尚勤吾戍,安用国为。宁负尔君,无滋民患。'遂令(左副元帅鲁王)昌等以犯江为名,伐汴京。先约麟单骑渡河计事,麟以二百骑至武城,与宗弼遇,金人张翼围之数匝,悉擒而囚之。

"丙午,金人废刘豫为蜀王。初,右副元帅宗弼既执刘麟,遂与左副元帅昌、三路都统葛王褎同驰赴京城下,以骑守宣德、东华、左右掖门,……宗弼将褎等三骑突入东华门,问刘齐王何在,伪皇城使等错愕失对，宗弼以鞭击之，径趋垂拱殿。入后宫门，问刘齐王何在，有美人揭帘曰：'在讲武殿按射。'宗弼等驰往，直升殿，豫遽起，欲更衣，宗弼下马执其手曰：'不须尔。有急公事，欲登门同议。'于是偕行，出宣德门，就东阙亭少立，宗弼乃麾小卒持羸马强豫乘之，约令偕至寨中计事，豫拊手大笑上马，从卫犹数十人，宗弼露刃夹之，囚于金明池。"

朝廷优礼勋臣，以公屡有捷奏，特授长子彦直直秘阁。

同书同卷："丙辰，……时朝廷方优假勋臣，故以右通直郎张子仪为军器监丞，右承议郎韩彦直直秘阁。（按韩世忠碑志，世忠四子：彦直、彦朴、彦质、彦古。而《日历》：世忠长子亮绍兴四年十二月庚午自右宣教郎特转三官。不知亮复是何人，碑志何以全不及之，当考。）殿中侍御史金安节言：'……崇、观以来，因父兄秉政而得贴职者，近制皆在讨论之数，盖恶其滥也。今彦直复因父功而授，得无类于昔乎。……'不报。（韩彦直除职亦不见月日，安节所奏有云："近以韩世忠屡有捷奏，特授其子彦直初等贴职。"而安节明年二月丁忧，则彦直之除亦在此时矣。）"

刘豫既废，公奏乞北讨，为恢复计，以高宗欲与金人议和，优诏不允。

《忠武王碑》："金人废刘豫，中原军溃盗起，王以为机不可失，奏乞全师北讨，招纳叛亡，为恢复计，恳请诚切。太上赐札曰：'览卿来奏，备见忠义许国之意，深用叹嘉。今疆场之事，以安静为先，变故在彼，不必干预，当敦信约。卿其明远斥堠，谨固封疆，以备不虞，称朕意焉。'"

《十将传》："金人废刘豫，中原震动，世忠谓机不可失，请全师北讨，招纳归附，为恢复计。"

诏令移司镇江。公因上奏乞留军守江淮，以便与敌人决战。

《要录》卷一一七："十有二月（庚申朔）庚子，枢密院进呈，先得旨令京东宣抚处置使韩世忠移司镇江府，留兵以守楚州。秦桧奏曰：'诸军老小既处置得宜，万一警急，诸帅当竭力捍寇。'时已命张俊、岳飞皆留屯江内，故桧奏及之。

"世忠上奏，极论敌情叵测，其将以计缓我师。乞独留此军，遮蔽江淮，誓与敌人决于一战。上赐札曰：'朕迫于强敌，越在海隅，每慨然有恢复中原之志，顾以频年事力未振，姑郁郁于此。前日恐或小有未便，委卿相度，今得所奏，益见忠诚，虽古名将，亦何以过，使朕悚然兴叹，以为有臣如此，祸难不足平也。古人有言：阃外之事，将军制之。今既营屯安便，控制得宜，卿当施置自便，勿复拘执。至于军饷等事，已令三省施行。'"

● 绍兴八年戊午（1138） 金熙宗天眷元年 五十岁

高宗在建康，二月，公与岳飞同往朝。

《北盟会编》卷一八三："八年二月，韩世忠、岳飞来朝。"

是月，高宗返临安。

《要录》卷一一八："二月戊寅，上至临安府。"

四月，公与岳飞等各遣间招诱中原士民，其所赍蜡丸、旗榜为金人所得。

《要录》卷一一九："夏四月，徽猷阁直学士王伦见金左副元帅鲁王昌于祁州。时韩世忠、岳飞、吴玠军各遣间招诱中原民，金得其蜡弹、旗牓，出以语伦曰：'议和之使继来，而暗遣奸谍如此，君相绐,且不测进兵耳。'伦言:'所议靖民,乃主上之意,边臣久而无成,或乘时希尺寸为己劳,则不可保,主上决不知之。若上国孚其诚意,确许之平,则朝廷一言戒之,谁敢尔者。'诸帅相视无语。(熊克《小历》附此事于今年春末,又云达赉、兀朮皆在祁州。按张汇《节要》,绍兴八年夏达赉自东京北归祁州,留兀朮、大托卜嘉守东京。克所云差不同。今移附四月,仍去兀朮字,更当求他书参考。)"

与枢密副使王庶论应举兵伐金。

《要录》卷一一九:"夏四月壬戌,命枢密副使王庶暂往沿江及淮南等处措置边防。"

同书卷百二十:"六月戊辰,……枢密副使王庶时在合淝,上疏曰:'臣闻敌中自废豫之后,辽人与汉人上下不安,日夕思变,前此归正者甚众,其验可见。彼知其屯戍不足,又旋起签军以实疆场,其所起之人又非昔日签军之比,老弱尽行,人心乖离,抑又甚焉。缘此岳飞近与臣咨目,称今岁若不举兵,要纳节请祠。韩世忠亦以为然。……'"

王庶以公所部分屯天长及泗州,与张宗颜、巨师古等互为声援。

同书同卷:"王庶自淮上归,命(张)宗颜以所部七千人屯庐州,命中护军统制官巨师古以三千人屯太平州,又分京东淮东宣抚处置使韩世忠二军屯天长及泗州,使缓急互为声援。徙(刘)锜屯镇江,为江左根本。"

九月,公复入朝。

《北盟会编》卷一八四:"九月,韩世忠、张俊、岳飞来朝。"

十月，金主遣萧哲等为江南诏谕使，使来计事。公闻之，四上书极论其事，并乞赴行在奏事，不许。

《要录》卷一二二："冬十月（甲寅朔）丁丑，京东宣抚处置使韩世忠乞赴行在奏事。先是，徽猷阁直学士王伦既与乌浚噶思谋至金庭，金主亶复遣签书宣徽院事萧哲等为江南诏谕使，使来计事，世忠闻之，上疏曰：'金人遣使前来，有诏谕之名，事势颇大。深恐贼情继发重兵压境，逼胁陛下别致礼数，今当熟计，不可轻易许诺，其终不过举兵决战，但以兵势最众去处，臣请当之。'因乞赴行在奏事，驰驿以闻，上不许。（按史，此年张通古为使，萧哲副之，而明年王伦答金主乃云："签宣萧哲持国书许归地。"或者通古乃元帅达赉辈就行台所遣，亦未可知。故先书金主遣哲，后乃书通古。）"

同书卷一二三："十有一月（癸未朔）丁亥，京东淮东宣抚处置使韩世忠复言：'恐金人诏谕之后，遣使往来不绝，其如礼物以致供馈赐予，蠹耗国用，财计阙乏，赡军不给，则经所谓不战而屈人之兵。望宣谕大臣，委曲讲议，贵在得中，以全国体。'

"辛卯，京东淮东宣抚处置使韩世忠言：'臣得泗州申，诏谕使先遣到银牌郎君，言须要接伴跪膝阶墀，州县官拜诏。若不如此，定复回。接伴不肯，本州取接伴官归州。臣窃详金人自要讲和，本非实情，今使人方欲过界，便要接伴跪膝阶墀，州县拜诏，如此即是使人经过一道，郡县听伏命令，与臣前奏事理，颇相符合。兼既立此题目，意在难从，收拾衅端，故要生事，敢尔恣横，决有重兵在后，专意胁持。若到行朝，必要陛下卑屈，礼数更重，万一俯从，外则四方解体，内则恐失人心，定须别有难从须索，如何应副，事体至大，伏望以国体为重，深加计虑，熟赐讲究，贵在详审，免贻后患。'"

高宗亲札付公，令防护北使往回。公仍屡上疏论和议不可之状。

同书同卷："壬辰，京东淮东宣抚处置使韩世忠言：'臣今续体探得银牌郎君言：到临安府日，要陛下易衣拜伪诏，及诏谕使要宾客相见，如刘豫相待礼数。及称今来诏谕所行礼数并是大金阙下定到。臣窃详上件事理，使人非久到行朝，未审陛下何以应之？想已宣付大臣，预行讲究，非臣所知。臣自闻此事，晓夜实不遑安。以臣愚见，万一陛下轻赐俯从，即是金人以诏谕为名，暗致陛下拜顺之义。此若果有实心，欲修和好，必须礼意相顺，阔略细故，各存大体。今使人所来行径，皆是难从之事，灼见奸谋，欲生衅端。臣虽闻欲还陛下关陕诸路，诚见诡诈。且如实欲交割，若劫要山东、河北等路军民归业，岂可遣发？此声一出，人心摇动，复难安固。今虽国势稍弱，然兵民事力，尚可枝梧，况诸军将士训习之久，睹此屈辱，少加激励，岂无斗心。若随从稍有失当，举国士大夫尽为陪臣，深虑人心离散，士气凋沮，日后临敌，如何贾勇？若四方传闻陛下以有拜顺之礼，其军民定须思乡，自然散去，散易聚难，悔将何及。今若待其重兵逼胁，束手听命，坐受屈辱，不若乘此事力，申严将士为必战之计，以伐其谋，免贻后患。臣边远庸材，荷国厚恩，无以补报，今正当主辱臣死之时，臣愿效死节，激昂士卒，率先迎敌，期于必战，以决成败。臣若不克，事势难立，至是陛下委曲听从，事亦未晚。窃详金人欲要陛下如刘豫相待礼数，且刘豫系金人伪立，而陛下圣子神孙，应天顺人，继登大宝，岂可相同。显见故为无礼，全失去就，玷辱陛下。伏望特回圣念。'时上亲札付世忠，令差人防护北使往回，不得少有疏虞，仍严戒将佐及所差人，不得分毫生事。

"癸巳，世忠复言：'传闻金人欲还陛下陕西五路，未必实情，设若果肯交割，万一却要山东、河北等路军民归业，陛下如何遣发？纵未如此，且先要归朝及北来投附之人，其数已众，散布中外,谅陛下亦难依从。大概金人奸谋,凡所施设,巧伪甘言,以相啜赚,尽欲陛下先失天下人心,继为大举。臣晓夜痛心疾首,唯恐陛下轻易许从,自速后患。'疏入,上优诏答之。

"甲午,京东淮东宣抚处置使韩世忠言:'窃详金人,本朝结怨至深,又金人事力炽盛,贼情窥伺,已踰十年,朝夕谋画,意在吞并,今遣使讲和,及传闻许还关陕诸路,谓是惧我兵威,谓复是曾遭毒杀,事不得已,故来请和?臣深思熟虑,但恐以交割诸路为名,先要山东、河北等路军民,或先要应北来归朝投附女真、契丹、渤海、汉儿、签军等,出此声势,摇动人情,或假此讲和割地,或以兵势逼胁,有无厌难从须索,蠹耗国用,使陛下先失天下人心,坐致困弊,方为大举。今国家避地东南,目前军势,贼尚提防,虽谋吞并,未敢轻易深入,故用此谋,许许交还陕西,意望移兵就据,分我兵势,其贼必别有谋画,志在一举,决要倾危,绝彼后患。况陕西诸路,出兵产马,用武根本之地,岂肯真实交割,资助我用?显是巧伪甘言,以相诳赚。切恐使人暗赢陛下礼数,轻赐许诺,传播四方,人心离散,士气凋沮,事系安危,在此一决,委非细事。望许臣轻骑星夜暂赴行朝,面禀圣训,以尽曲折。'"

《忠武王碑》:"初,国朝军政日修,虏师屡衄,于是阴谋沮挠吾事。秦桧还自沙漠,力劝太上屈己和戎,销兵罢将,朝廷遣使交割河南境土,虏亦遣使来议,而使名不逊。时桧主〔和〕议甚力,自大臣宿将,万口和附,王独慷慨上章以十数,为太上开陈和议不可之状。大略以为:'虏情诡诈,且陕西诸路出兵产马用武之地,岂肯真实交割。'又曰:'但恐以还地为名,先要山东、河北等路军民及北人之归明者,出此声势,摇动人情。我若太加卑屈,深虑人心离散,士卒凋沮。'又曰:'今当主辱臣死之际,臣愿效死节,激昂士卒,率先迎敌,期于必战,以决成败。若其不克,陛下委曲听从,事亦未晚。'又曰:'如王伦、蓝公佐交割河南地界,别无符合诳赚,朝廷虽以王爵处之,未为过当,欲乞令供具委无反复文状于朝，以为后证。如臣言虚妄，日后事成虚文，亦乞重置典宪。'其言深切恳到，出于忠诚，且请单骑赴阙面奏，太上率优诏褒答。"

《十将传》："八年，兀朮再陷三京。虏使萧哲之来，以诏谕为名，世忠闻之，凡四疏言不可许，'不过举兵决战，兵势最重处，臣请当之。'又言：'金人欲以刘豫相待，举国士大夫尽为陪臣，人心离散，士气凋沮。'且请驰驿面奏，上不许，优诏答之。"

高宗手诏褒答，公再上疏切论。

《要录》卷一二三："辛丑，京东淮东宣抚处置使韩世忠言：'臣伏读宸翰，邻邦许和，臣愚思之，若王伦、蓝公佐所议讲和割地，休兵息民，事迹有实，别无符合外国诳赚本朝之意，二人之功，虽国家以王爵处之，未为过当，欲望圣慈各令逐人先次供具委无反复文状于朝，以为后证。如臣前后累具，已见冒犯天威，日后事成虚文，亦乞将臣重置典宪，以为狂妄之戒。'先是，世忠数上书论不当议和，上赐以手札曰：'朕勉从人欲，嗣有大器，而梓宫未归，母后在远，陵寝宫禁，尚尔隔绝，兄弟宗族，未遂会聚，十馀年间，兵民不得休息，早夜念之，何以为心。所宜屈己和戎，以图所欲，赖卿同心，其克有济，卿其保护来使，无致疏虞。'世忠既受诏，乃复上此奏，词意剀切，由是秦桧恶之。"

《忠武王碑》："太上率优诏褒答。其略曰：'卿勇冠世，独当一面，国威既震，和议渐谐，南北兵民，可冀休息，究其所自，卿力居多。卿其保护来使，无致疏虞。所乞入朝奏事，俟有机会，当即召卿，众方怀疑，疆场事大，正倚卿为重，未可暂离军中也。'"

● **绍兴九年己未（1139） 金天春二年 五十一岁**

公伏兵洪泽镇，欲劫北使以坏和议，事未果成。

《要录》卷一二五："绍兴九年春正月（壬午朔）己丑，诏以黄金一千两附北使张通古进纳两宫。时通古与报谢使韩肖胄先行，而京东淮东宣抚处置使韩世忠伏兵洪泽镇，诈令为红巾，俟通古过则劫之以坏和议。肖胄至扬州，世忠将郝抃密以告直秘阁淮东转运副使胡纺，纺白之肖胄，故通古自真、和由淮西以去。世忠怒，追抃欲杀之，抃弃家依岳飞军中，世忠奏知鄂州范漴纵之，漴坐夺官编管汀州，仍命鄂州拘漴，俟获抃讫，赴贬所。（《日历》无此，今以绍兴十一年五月二十九日世忠乞放范漴状修入。）"

以讲和恩，迁少师。

同书同卷："庚寅，以金人归河南地，命官奏告天地、宗庙、社稷。……扬武翊运功臣、少保、京东淮东宣抚处置使韩世忠迁少师。……其所领三镇节钺皆如旧，以讲和恩也。"

四月，诏赐宴临安府治，并以建康永丰圩田千顷赐公，公辞不受。

《要录》卷一二七："四月（庚戌朔）乙亥，诏京东淮东宣抚处置使韩世忠、淮西宣抚使张俊及随行将佐并赐宴临安府治。上以世忠持身廉，特赐建康永丰圩田千顷，世忠辞不受。"

五月，公请倚阁俸给之半以助军用，不许。

同书卷一二八："五月（庚辰朔）丁亥，少师京东淮东等路宣抚处置使韩世忠请倚阁俸给之半以助军用，不许。"

八月，公欲乘虚掩袭金人，不许。

同书卷一三一："八月（戊申朔）丙寅，京东淮东宣抚处置使韩世忠言：'金人诛戮大臣，其国内扰，淮阳戍卒及屯田尽勾回。'世忠意欲乘虚掩袭。上曰：'世忠武人，不识大体。金人方通盟好，若乘乱幸灾，异时何以使敌国守信义。'遂不从。"

遗书秦桧,论遣还金国降人王威、赵荣事不当。

同书卷一二七:"绍兴九年三月丙申,东京留守王伦始交地界。先是,赵荣既纳款,知寿州王威者亦以城来归。(赵雄撰《韩世忠碑》云:"兀朮既陷三京,又犯涟水,王遂率背嵬军走破兀朮,伪守赵荣以宿州降,李世辅以亳州降。"按荣之降在未割地之前,不应附于明年五月。而世辅自陕西入夏国后,乃来归,亦不从亳州路,碑盖误也。)及伦至东京,见金右副元帅沈王宗弼,首问荣、威。……接伴使乌陵噶思谋至馆,亦以荣、威为问,必欲得之。……"

同书卷一三一:"绍兴九年八月乙亥。初,金人欲得王威、赵荣,已遣还之,韩世忠遗秦桧书曰:'荣、威不忘本朝,以身归顺,父母妻子悉遭屠灭,相公尚忍遣之,无复中原望耶?'桧惭。且虑世忠沮遏,乃令荣、威自六合趋淮西而去。……"

公乞以李显忠为本军统制,不许。

《十将传》卷三《李显忠传》:"(绍兴九年)八月二十四日,往临潼县诣行府,至浐河与灞河并,山水暴溢,势如江潮,显忠不避水势,径渡。入临潼行府,受告敕金带,除神龙卫四厢都指挥使、护国军承宣使,翌日随行府入长安,二十六日进谢表。行府犒劳将佐官兵各有差。显忠先诣行府,道由泗州,宣抚韩世忠令统制许世安以舟数十来邀显忠入楚州议入觐事,有将兵柴其姓者,说显忠以未可往,显忠然之,乃遣人送马与世忠而径赴行在云。九月,显忠朝参。"

《要录》卷一三二:"绍兴九年九月戊寅朔,龙神卫四厢都指挥使、护国军承宣使李世辅,……赐名忠辅,除枢密院都统制。俄又赐名显忠。京东淮东宣抚处置使乞以显忠为本军统制官,上不许。(《显忠行状》云:"公与韩世忠同乡里,而未尝少屈于韩。及公归朝,韩力于上前奏乞公于麾下,上以公才非韩所能服,遂以枢密院都统制处之。"按：靖康、建炎之间，世忠已立功为观察使，而显忠尚未官，且年小于世忠二十馀，固非其俦匹也。显忠既归朝，继为刘光世、杨存中军中统制，而世忠视存中为先达，且威名年位又皆过之，存中能服显忠，世忠胡为不能服之哉。盖自赵鼎再相，朝廷渐欲易置偏裨，秦桧又忌世忠，故不欲以骁将畀之耳。《行状》缘饰而云，盖非其实。)"

温济以事诬公，公连上书论济狂惑犯分，济坐遭斥逐。

同书同卷："戊戌，拱卫大夫、威州防御使温济勒停，南剑州编管。济为京东淮东宣抚处置使司提举一行事务，以其徒左武大夫耿著阴事告于朝，语连韩世忠，故有是命。世忠意未快，连上书奏济狂惑犯分，罪恶显著，乞遣至军中。诏济移万安军编管。(王次翁《叙记》云："济以世忠阴事来告，上命黜居湖南，世忠连上章乞遣至军中，词甚不逊。"按济先贬海外，十一年七月乃移潭州，《叙记》误也。移万安，《日历》不载，今以世忠奏状修入，林待聘《外制集》："左武大夫耿著掴人至死，降五官，军前自效。"恐即是此事。当求他书参考。)"

● **绍兴十年庚申（1140）　金天眷三年　五十二岁**

二月，封公妾茅氏为国夫人，周氏、陈氏为淑人。

《要录》卷一三四："绍兴九年二月（丙午朔）。是月，封少师、京东淮东宣抚处置使韩世忠之妾茅氏为国夫人，周氏、陈氏并封淑人（林待聘《外制集》有制词）。"

三月，入朝临安，赐宴。

同书同卷："三月辛卯，赐京东淮东宣抚处置使韩世忠、淮西宣抚使张俊燕于临安府，以其来朝故也。"

五月，金人败盟，分四路入犯。

《北盟会编》卷二百："金人败盟，兀朮率李成、孔彦舟、郦琼、赵荣入寇。——金人以还我三京河南地为非便，因大悔悟，遂定议败盟，复侵三京、河南，以兀朮为帅，提兵渡河。"

《要录》卷一三五："五月（甲戌朔）丙戌，金都元帅、越国王宗弼入东京，观文殿学士留守孟庾以城降。初，左副元帅、鲁国王昌既废伪齐，乃言边面四塞，未免枕戈坐甲之劳，兼以江左为邻，易生衅隙，不可彻警，不若因以河南地锡与大宋。宗弼时为右副元帅，力不能争。及昌诛，宗弼始得政，以归地非其本计，决欲败盟，乃举国中之兵集于祁州元帅府大阅，遂分四道入犯。命镊哥贝勒出山东、右副元帅萨里干犯陕右、骠骑大将军知冀州李成犯河南，而宗弼自将精兵十馀万人与知东平府孔彦舟、知博州郦琼、前知宿州赵荣抵汴。至是，犯东京。孟庾不知所措，统制官王滋请以兵护庾夺门走行在，庾以敌骑多，不能遽去，遂率官吏迎拜。宗弼入城，驻旧龙德宫。于是金主亶诏谕诸州县以达赉擅割河南，且言朝廷不肯徇其邀求之故，诏词略曰：'非朕一人与夺有食言，恩威弛张之间盖不得已。'"

《忠武王碑》："其后虏果负约，如王所言。桧甚恐，即上疏曰：'臣闻德无常师，主善为师，善无常主，协于克一，此伊尹相汤、咸有一德之言也。臣昨见金国挞辣有讲和割地之议，故赞陛下取河南故疆。既而兀朮戕其叔挞辣，蓝公佐之归，和议已变，故劝陛下定吊民伐罪之计。'又曰：'臣言如不可行，即乞行罢免，以明孔圣陈力就列不能者止之议。'其词反覆无据。由是天下服王精识而尤桧益深云。"

六月，进太保，封英国公。

《要录》卷一三六："六月甲辰朔，少师、京东淮东宣抚处置使韩世忠为太保,封英国公。"

兀朮进犯涟水,高宗赐札,许便宜措置结约招纳等事。

《忠武王碑》:"兀朮既再陷三京,又犯涟水,太上赐札曰:'金人复占据已割旧疆,卿素蕴忠义,想深愤激,凡对境事宜,可以结约招纳等事,可悉从便宜措置,若事体稍重,即具奏来。'"

刘锜大败兀朮于顺昌。

《要录》卷一三六:"六月壬子,金都元帅宗弼攻顺昌府。……平明,敌兵攻城,凡十馀万,府城惟东西两门受敌,锜所部不满二万,而可出战者仅五千。敌先攻东门,锜出兵应之,敌众败退,兀朮自将牙兵三千往来为援,皆带重甲,三人为伍,贯韦索,号铁骑马,左右翼号拐子马,悉以女真充之,前此攻所难下之城,并用此军,故又名长胜军。时敌诸帅各居一部,众欲击韩(常)军,锜曰:'击韩虽退,兀朮精兵尚不可当也。法当先击兀朮,兀朮一动则馀军无能为矣。'时叛将孔彦舟、郦琼、赵荣辈骑列于阵外,有河北签军告官军曰:'我辈元是佐护军,本无斗志,惟两拐子马可杀。'故官军皆愤。时方剧暑,我居逸而彼暴露,早凉则不与战,逮未申间,彼力疲而气索,锜忽遣数百人出西门,敌方来接战,俄以数千人出南门,戒令勿喊,但以短兵极力与战。统制官赵樽、韩直皆被数矢,战不肯已,锜遣属扶归,士殊死斗,入敌阵中,斫以刀斧,至有奋手捽之,与俱坠于壕者。敌大败,杀其众五千,横尸盈野。兀朮乃移寨于城西,掘堑以自卫,欲为坐困官军之计。是夕大雨,平地水深尺馀,锜遣兵劫之,上下皆不宁处。

"乙卯,顺昌围解。元帅宗弼之未败也,秦桧奏俾锜择利班师(此据郭乔年《顺昌破敌录》修入,乔年云:"递到御笔"云云,其实宰相所拟也),锜得诏不动。至是,宗弼不能支,乃作筏系桥而去。……拥其众还汴京,自是不复出师矣。"

公遣统制官王胜、背嵬将成闵率众北伐。

《要录》卷一三六:"六月庚午,京东宣抚使韩世忠遣统制官王胜率背嵬将成闵北伐,遇金人于淮阳军南二十里,水陆转战,掩金人入沂河,死者甚众,夺其舟二百(熊克《小历》载此事于辛未,小误。按《日历》在六月二十七日庚午,今附本日)。"

《会要》兵捷门四:"(绍兴十年六月)二十八日,淮南宣抚使韩世忠言:'统制官王胜二十七日辰时到淮阳军界,离城二十馀里,逢见淮阳军都统周太师亲自统押军马二千馀骑,水陆转战约两时辰,胜等并背嵬将官成闵鼓率将士,向前血战,金贼败走,掩杀入沂河及城壕内,填塞盈满,杀伤及淹死者甚众外,活捉到女真、汉儿共一百馀人,并各伤重。并水陆迎敌战船,除夺到二百只外,馀烧毁了当。'"(兵一四之二八)

闰六月,公遣郭宗仪、韩彦臣赴行在奏事。

《要录》卷一三六:"闰六月(癸酉朔)己丑,京东淮东宣抚处置使韩世忠遣统制官武功大夫阁门宣赞舍人郭宗仪、左武大夫贵州团练使韩彦臣来奏事,上引对。先是,世忠围淮阳军未能下,或有献计决淮水以灌其城者,上谕秦桧曰:'决水所及,京东民田必有被其害者。'桧曰:'陛下圣度兼爱如此,宜无敌于天下也。'(上语在是月辛卯)"

丁酉,公所遣统制官王胜克海州。

《要录》卷一三六:"丁酉,京东淮东宣抚司都统制王胜克海州。先是,韩世忠命胜率统制官王权、王升等攻海州,守将王山以兵逆战,去城六十里与官军遇,败走。夜二鼓,胜以舟师傅城北,山乘城而守,胜命诸军分地而攻,火其北门,军士周成先入,生执山。父老请裒金帛以犒军,胜不受。世忠每出军,必使秋毫无犯。

军之所过,耕夫皆荷锄而观。"

《北盟会编》卷二百四:"二十五日丁酉,王胜克海州,擒伪知州军事王山。——韩世忠遣都统制王胜率统制王权、王升等诸军取海州,伪知海州及统兵官花太师至磨行与官军相遇,官军击退之。去海州六十里,胜令二更到城下,诸军齐进,果二更至城下,转城不住,牵舟趋城北,城上以瓦砾抛掷乱击,舟人皆不顾而行,逼晓至城北。是时花太师退兵,惟王山守城。胜令诸军分地攻击,胜坐于北壁濠下,令诸军早饭,要白米饭、猪肉段子,食毕,先使搭材,以长竹系刀,断其钓桥绳,钓桥落,以大竹卷草,如黄河卷埽样,使数百人推至北门,钓桥有妨碍处,即以锯截去之,然后推入纵火,凡三卷,拥其门而火发。守陴者于黑烟中掷砖瓦打火,烧门尽,打火亦灭,有砖瓦盖地,地不甚热,行队方鳞次于门外,而第四队周成先入。行队皆入,成举认旂于城上,呼众曰:'周成第一功!'胜传令尽开诸门。诸军自诸门皆入,然火烧门道,尚有火在瓦砾之下,舁水沃灭之,治道而后胜入,坐于十字街之民舍。生执王山。时花太师率兵到城下,不及战而退去。父老、僧道诣胜唱喏谢罪,胜曰:'国家以海州久陷伪境,故遣官军收复境土。国家专行仁德,不事杀戮,各各安心照管老少。'父老再拜谢曰:'欲乞哀敛金银犒军。'胜曰:'官军入境,秋毫不犯,不须哀敛金银,如有猪肉米谷,犒诸军一饭可也。'父老拜谢而去,率敛城中猪羊牛驴并般担米面犒军,胜受之,分给诸军,即时报世忠。胜在城北,居人犹未觉,尚有卖糕者,少顷攻城,居人方稍避之。世忠每出军,令诸军秋毫不得扰民。诸军经过伪境,路旁有农夫,皆倚锄而观。"

《要录》卷一三七:"七月乙丑,右承务郎、京东淮东宣抚使司书写机宜文字曹霨为右宣义郎,赐六品服;武功大夫武眷领威州刺史。时韩世忠遣霨等献王山之俘于行在,故以命之。仍诏押山回世忠军随宜区处。山,随金人至顺昌城下者也。秦桧请今后获敌不必解来,上曰:'不然,须令押数人来问之,庶得其实。'"

《会要》兵捷门四:"(绍兴十年七月)七日,淮南东路宣抚使韩世忠言:'中军统制官王胜等探报蓍人万户鹘十孛堇、千户聂儿孛堇、花太尉、冯观察,将带军马解围海州。胜于闰六月二十八日遣发王权、王升将带军马前去蒋家庄与贼见阵,贼马退去,赶杀三十馀里,活捉到女真、契丹一百馀人,夺到战马三百馀匹,衣甲、器械、旗枪(案:此下疑有脱文)。将海州怀仁县抚定了当。'"(兵一四之三〇)

八月初,公围金人于淮阳军。乙亥,别将解元败金人于郯城。

同书同卷:"八月十二日,韩世忠言:'亲率军马到淮阳军,探得沂州滕阳军刘冷庄三头项蓍贼前来,寻分遣统制官解元等将带军马迎敌。八月四日早,到地名谭城,逢见金装马军二千馀骑,解元等极力战斗,其蓍贼败而复合,自早至巳,贼方败走,追杀二十馀里,杀死数百人,夺到鞍马一百五十馀匹,器械数多,及捉到知淮阳军都统讹里七所差告急走马天使二人。'"

《北盟会编》卷二百四:"解元败金人于郯城县。"

《要录》卷一三七:"乙亥,韩世忠围淮阳军,……别将解元掩击金人于沂州郯城县,敌溺死者甚众。"

《北盟会编》卷二百四:"八月四日乙亥,韩世忠围淮阳军。……世忠围淮阳军,命诸军齐攻之。有帐前亲随成闵者,随统制许世安夺门而入,大战于门之内,闵身中三十馀枪,世安亦胫中四箭,力战夺门复出,闵气绝而复苏者屡矣,世忠大呼赏之。初,闵之叔父战于马家渡,身死,所得恩泽无子承受,时闵为僧童,世忠寻而得之,令受其叔之恩泽。初补官,世忠教以弓马,久之,转至武翼郎,为帐前亲随,而夺门立功。世安以箭疮不能乘马,遂肩舆而行,世忠怒,令世安马前步行。世忠奏闵之功,授武德大夫、遥郡刺史。世忠缴到告身,复奏乞重赏闵以激劝将士,乃授涿州团练使。"

初九日庚辰，公击金人于泇口镇，败之。统制官刘宝等亦败金人于千秋湖陵。

《会要》兵捷门四："（绍兴十年八月）十六日，韩世忠言：'今月八日，探得蕃贼自滕阳军路前来，离淮阳军西北九十里地名泇口镇札寨。世忠躬亲将带军马前去。初九日拂明，到贼寨十里以来，逢贼，绰路马下活捉十馀人，问得滕阳军金牌郎君、青州总管三郎君、沂州高太尉等会合马军七千馀骑，前来淮阳军解围。其蕃贼见世忠军马到，一发回头四散遁走，世忠分头追赶三十馀里，杀死数百人，活捉到千户长等二十馀人，夺到鞍马一百匹，旗鼓军器甚众。'

"十九日，韩世忠言：'八月九日，千秋湖陵有蕃贼五千馀人，并郦琼下使臣效用等二千馀人，水陆札立硬寨，摆布战船。刘宝等申时分头攻打，至二更以来，打破贼寨，活捉到千户郎君郭太尉一名，毛毛可四人，契丹、汉儿一百三十馀人，外夺到大小楼子战船二百馀只，蕃马五十三匹。'"（兵一四之三一）

《要录》卷一三七："庚辰，金人自滕阳来救淮阳军，韩世忠逆击于泇口镇，败之。是日，世忠所遣统制官刘宝、郭宗仪、许世安以舟师至千秋湖陵，遇金人所遣郦琼叛卒数千人，宝等与战，大捷，获战船二百。"

《十将传》："十年，金人败盟，兀朮率撒离曷、李成等陷三京，分道深入。八月，世忠围淮阳，金人来救，世忠迎击于泇口镇，败之。又使别将解元击虏于潬城，刘宝击虏于千秋湖，皆捷。亲随将成闵随统制许世安夺淮阳门而入，大战于门内，世安中四矢，闵被三十馀创，复夺门而出。世忠奏其功，擢武德大夫，闵以此知名。是岁，进太保，封英国公，兼河北诸路招讨使。"

《忠武王碑》："王遂率背嵬军由泇口破走兀朮。伪守赵荣以宿州降，李世辅以亳州降。诏除少师，馀官悉如故。明年，虏都统周太师者，以大军入寇，水陆并进，未及渡淮，王督士马拒战于淮阳，又走之。因取刘冷庄，设伏掩击，遂至沂水，虏溺水不知其数。又遣偏将王胜攻下海州，取怀仁诸县，破千秋湖陵大寨，擒虏帅郭太师。依前功臣、三镇节钺、淮东宣抚处置使、兼河南北诸路招讨使、营田大使，封英国公。"

  案：碑中所述赵荣、李世辅归降事，《要录》中辨其不然，引见去年八月"遗书秦桧"条下。《十将传》所载各事次第亦颇有前后失序之处，因将二者汇附于此。

  《墓志》："进攻淮阳，虏酋挞里孛堇者骁勇盖众，独出挑战，不胜而逃。有马太师亦号勇将，欲乘两虎相毙之势，奋迅而出，亦重伤败去，退而太息曰：'名不虚得矣。'师旋，斩捕首虏过当，封英国公。"

  案：当韩氏之进攻淮阳也，金之统帅非挞里孛堇，马太师之名亦不见它书。韩氏之封英国公亦非此时事。《墓志》此段盖无一是处。

九月，宰相秦桧主罢兵，命李易诣公谕旨。

  《要录》卷一三七："九月壬寅朔，遣起居舍人李易赴韩世忠军前议事。宰相秦桧主罢兵，召湖北京西宣抚使岳飞赴行在，遂命易见世忠谕旨。时淮西宣抚副使杨沂中还师镇江府，三京招抚处置使刘光世还池州，淮北宣抚判官刘锜还太平州，自是不复出师。"

十月，李宝率其众归于公。

  《北盟会编》卷二百四："十月十五日丙戌，李宝以其众归于淮东宣抚使。——李宝自五月在渤海庙克捷，即放船越广济军，遇金人纲船，得银绢钱米甚多。将抵徐州，与金人船相遇，乃来戍徐州者。宝方欲严备过徐州，曹洋曰：'我有备矣，金人不知我至，必无备，当掩击之。'金人果无备，皆不及持仗，为宝所杀，生擒七十馀人,宝欲杀之,洋曰:'不可。我方欲归朝廷,何不留金人生口以为实验。'宝然之。已过淮阳军,知军贾舍人乘马率人从十数追及,沿岸呼曰:'尔为谁?'时宝之众皆绯襥头巾、绯襥袍为号,宝应曰:'我曹州泼李三也,欲归朝廷耳。'言讫,引弓一发,贾舍人中矢堕马,船已行矣。出清河口,渡南岸而见胡深,作一寨,聚居民养种。深乃具申宣抚使,韩世忠差许世安、王权来接引。丙戌,宝到楚州,世忠犒劳甚厚。宝以生口七十馀解赴世忠,世忠大喜。"

十二月,呼延通投淮阴县运河卒。

《北盟会编》卷二百四:"《遗史》曰:韩世忠晚年好游宴,常赴诸统制之请,莫不以妻女劝酒,世忠必酣醉而后归,惟呼延通忿忿有不平之意,虽备礼邀世忠到私宅,然未尝辄离左右。一日,世忠与水军统制郭宗仪会于通家,世忠略寝,通以手捉世忠之佩刀,宗仪适见之,搦通之手而呼曰:'统制不可。'世忠觉而大惊,急驰马奔归,而令擒呼延通,既至,世忠数其罪,责为崔德明军中自效,德明戍淮阴,故通在淮阴。世忠以十二月二十三日诞生,是日,诸军献寿者甚盛,世忠临厅事坐而受之。最后通献寿酒,世忠见通即走入府第不出,通伏于地,滴泪成泓,众劝促通,通乃起身而去,出门上马,奔还淮阴。德明献寿回,数通不合擅自离军之罪,决数十下。通怏怏投运河,运河水深,急救之出水,已不苏,倒控其水,以身着毛衫,领窄,水胀,束其颈,水不得出而死。人皆惜之。世忠后亦深自悔恨。"

● 绍兴十一年辛酉 (1141) 金熙宗皇统元年 五十三岁

二月,公赴援淮西。

《北盟会编》卷二百五:"(绍兴十一年二月)初六日乙亥,韩世忠、岳飞以兵援淮西。"

张俊、杨沂中、刘锜大破金人于柘皋镇。

同书同卷:"二月十八日丁亥,张俊、杨沂中、刘锜及金人战于柘皋镇,大破其军。——金人退军也,日行三五里或一二十里,退至柘皋,柘皋皆平地,金人谓骑兵之利也。张俊、杨沂中会刘锜之军皆到,兀术率铁骑十馀万,分两隅夹道而阵,沂中轻进不利,统制官辅逵被箭中目。王德曰:'贼右隅皆劲骑,吾当先破之。'乃麾军济渡,奋勇先登,薄其右隅,贼阵动,有一酋被铠跃马指画部队,德引弓一发,酋应弦堕马,德乘势大呼,驰击,诸军皆鼓噪,金人以拐子马两翼而进,德率众鏖战,大破之。金人退还紫金山。刘锜谓德曰:'昔闻公威略如神,今果见之,请以兄礼事公。'锜遂再拜焉。俊有爱妾,钱塘妓张秾也,知书,俊文字,秾皆与之。柘皋之役,俊发家书嘱秾照管家事,秾有书报俊,引霍去病、赵云不问家事以坚俊之意。且言:'今日之事惟在于宣抚,不当以家事为念,勉思报国。'俊得书,释然而喜,遂以其书缴奏,上大喜,亲书奖谕以赐秾。"

案:《要录》卷一三九记柘皋之役与此略同,但"兀术率铁骑十馀万"句改作"敌将邢王与镇国大将军韩常等以铁骑十馀万",其下并附有考语云:"赵甡之《遗史》、熊克《小历》皆称'兀术以铁骑十馀万夹道而阵',按三宣抚所申,止称'邢王、韩将军、五太子大兵及自庐州前来兀术军马',盖兀术自庐州济师,非其亲出也。甡之、克小误。"今查《十三处战功录》亦作"虏将邢王与韩常等以铁骑十万分为两队夹道而阵",而无兀术之名,则李氏所考为是,今以《会编》叙事稍简,故用之。

三月七日,公败金人于闻贤驿。

《要录》卷一三九:"三月(庚子朔)丙午,京东淮东宣抚处置使韩世忠舟师至招信县。夜,世忠以骑兵遇金人于闻贤驿,败之。"

《会要》兵捷门四:"三月十三日,韩世忠言:'今月七日,濠州探报兀朮贼马欲来攻取本州,即时选拣马军,于当夜二更以来,躬亲将带前去迎敌,至五更到地名闻贤驿,与兀朮贼军相遇,追杀三十馀里,除杀蕃贼约一千馀人外,生擒到女真吵环等一十二人,并夺到鞍马、军器一千馀件。贼马直过淮北,一发奔溃,占据濠州了当。'"(兵一四之三五)

八日,金人陷濠州。

《要录》卷一三九:"丁未,金人陷濠州,武功大夫、忠州刺史、知州事王进为所执,兵马钤辖、武功郎、阁门宣赞舍人邵青巷战,死之。"

十日,公引兵至濠州。

同书同卷:"己酉,韩世忠引兵至濠州。(《日历》:世忠申,初十日与贼接战,至三更以来,贼马滚队直过淮北,世忠占据濠州。赵雄撰《世忠神道碑》云:'敌别将数万屯定远,王遣成闵以轻骑追之,转战数日,兀朮中克敌弓以走,其众大溃,遂夺钟离。'以诸书参考,兀朮此时不在濠州,又金人既破濠州,即焚掠而去,不待官军收复也。碑之所云,皆非其实。)

"庚戌,秦桧奏:'近报韩世忠距濠三十里,张俊等亦至濠州五十里。又岳飞已离池州去会师矣。'上曰:'首祸者惟兀朮,戒诸将无务多杀,惟取兀朮可也。……'"

十二日,公与金人战于淮岸,谋乘夜泝流劫之,未成。

同书同卷:"辛亥,韩世忠与金人战于淮岸。夜遣游弈军统制刘宝率舟师泝流,欲劫金人于濠州,金人觉之,先遣人于下流赤龙洲伐木以扼其归路。有自岸呼曰:'赤龙洲水浅可涉,大金已遣人伐木,欲塞河扼舟船,请宣抚速归。我赵荣也。'诸军闻之,皆以其言有理，世忠亦命速归，而金人以铁骑追及，沿淮岸且射且行，于是矢着舟如猬毛。至赤龙洲，金人果伐木渐运至淮岸，未及扼淮而舟师已去。金人复归黄连埠。（此据赵甡之《遗史》附入。据《日历》载世忠申状乃云："十二日三更后，遣刘宝泝流再往濠州两岸攻扰贼寨，至十三日，终日接战，万户以下共折万馀人，马数千匹"。与甡之所云全不同，不知何也。）"

《十将传》："十一年，兀朮耻顺昌之败，复谋再入，诏大合兵于淮西以待之，既而虏破败于柘皋矣，复围濠州。世忠受诏救濠，以舟师至招信县，而夜以骑兵击虏于闻贤驿，败之。虏攻濠五日而陷，陷甫三日而世忠至，则杨沂中之军已南奔矣。世忠与虏战于淮岸，夜遣刘宝泝流，将劫之，虏伐木塞赤龙洲，扼我归路，世忠知之，全师而还。金人亦自涡口渡淮北去，自是不复入寇矣。"

《会要》兵捷门四："三月十七日，淮东宣抚司言：'今月十二日早，兀朮亲领马步军前来冲撞官军，世忠遣发舟船水陆转战，自早至申杀退，射死兀朮所领万户、千户以下及当阵落马身亡几二万馀众。'"（兵一四之三五）

高宗赐手札褒奖。

《忠武王碑》："是年，虏犯淮西，殿帅杨存中合宣抚使张俊之师与战于钟离，弗克，诏王赴援。虏别军数万屯定远，王遣成闵以轻骑击破之，转战数日，兀朮中克敌弓以走，其众大溃，遂夺钟离。捷闻，太上赐札曰：'闻卿亲率将士，与贼接战，追逼直至城下，贼马一发奔溃过淮，卿已复据州。卿忠义之气，身先士卒，亲遇大敌，嘉叹何已。况卿前后所料贼情，一一必中，今日善后之策，更为深加思虑措置以闻也。'"

案：兀朮中克敌弓及克复钟离事，《要录》中辨其不然，已见前引。"太上赐札"云云，为他书所不载，想即在围攻濠州之后，因次于此。

公上章论爵赏之滥。

《忠武王碑》:"王因上章极言爵赏之滥,乞自今非破虏复境土,不畀崇资,以塞倖门。"

夏四月,秦桧密奏于高宗,以柘皋之捷,召公与张俊、岳飞并赴行在,论功行赏,遂罢三人兵柄,分除枢密使副。

《要录》卷一四〇:"夏四月(己巳朔)辛卯,诏给事中直学士院范同令入对。初,张浚在相位,以诸大将久握重兵难制,欲渐取其兵属督府,而以儒臣将之。会淮西军叛,浚坐谪去。赵鼎继相,王庶在枢府,复议用偏裨以分其势,张俊觉之,然亦终不能得其柄。至是,同献计于秦桧,请皆除枢府而罢其兵权,桧纳之,乃密奏于上,以柘皋之捷,召韩世忠、张俊、岳飞并赴行在,论功行赏。时世忠、俊已至,而飞独后,桧与参知政事王次翁忧之。……及是,飞乃至,上即召同入对,谕旨令其与给事中兼直学士院林待聘分草三制。是夕锁院。

"壬辰,扬武翊运功臣、太保、京东淮东宣抚处置使、兼河南北诸路招讨使、节制镇江府、英国公韩世忠,安民靖难功臣、少师、淮南西路宣抚使、兼河南北诸路招讨使、济国公张俊,并为枢密使。少保、湖北京西路宣抚使、兼河南北诸路招讨使岳飞为枢密副使。并宣押赴本院治事。世忠既拜,乃制一字巾,入都堂则裹之,出则以亲兵自卫。桧颇不喜。飞披襟作雍容状。桧亦忌之。"

徐自明《宋宰辅编年录》卷十六:"世忠除枢密使制曰:'合将相之权,均任安危之寄;兼文武之用,式恢长久之图。乃眷勋贤,宜膺荣宠。爰契华戎之望,俾亲帷幄之咨。载协刚辰,诞敷显册。具官韩世忠,才资刚果,智虑精深。英规默合于孙吴,义概羞称于贲育。忠贯日月,靡渝金石之坚;功若丘山,具涣旂常之纪。属东巡于吴会,资外屏于淮堧。虽固垒深军,志必以全取胜;而枕戈待旦，誓不与虏偕存。蠢尔逆胡，扰我近服，幸偷生于泚水，复送死于濠梁。露桡千艘，实赞征南之策；夹道万弩，旋致马陵之师。方摩牙摇毒而竞前，忽洞胸达腋而俱靡。折奸挫锐，宁论破敌之奇；禁暴息民，正赖兴邦之略。朕惟膏梁不可以愈疾，尸祝不可以代庖，观时适变，则事得其宜；因能授职，则才周于用。故勾践以二臣治国，蠡盖总于甲兵；汉高以三杰开基，信实颛于征伐。是用分命隽哲，延登庙堂，越升枢极之崇，仍复公台之贵。益封多户，衍食真租。哀是徽章，庸昭异数。于戏，贵谋贱战，是谓王者之兵；同寅协恭，乃大贤人之业。钦承丕训，益厉远猷。'（朱震词）"

〔**附录**〕《朱子语类》卷一三一《中兴至今人物》："尝见《征蒙记》（李成之子某从兀术征蒙国，因记征蒙时事。）云：兀术在甚处，淮上二士人说之曰：'今韩世忠渡江，遗弃粮草甚多，若我急往收取，资之以取江南，必可得也。'兀术然其言，遂急来淮上，则空无所有。盖已先般辎重粮草归而后抽军回也。彷徨淮上，正未有策，而粮草已竭，窘不可言。先已败于刘锜，锜在顺昌扼其前，进退不可，遂遣使请和。兀术谓其下曰：'今南朝幸而欲和，即大幸；不然即送死耳，无策可为也。'这下又不知其狼狈如是，若知之，以偏师临之，无遗类矣。是时稍胜，然高宗终畏之，欲和，因其使来，喜甚，遂遣使报之欲和，兀术大喜，遂得还。是兀术不敢望和，自以为必死，其遣使也，盖亦谩试此间耳。可惜此机会，所以后来也怕，一向欲和。"

案：上事它书俱不载，其确否盖亦难断。以其谓在刘锜顺昌捷后，姑附次于此。

乙未，张俊希秦桧意，首纳所统兵。是日，诏罢宣抚司。

《要录》卷一四〇："乙未，枢密使张俊言，臣已到院治事，见管军马伏望拨属御前使唤。时俊与秦桧意合，故力赞议和。且觉朝廷欲罢兵权，即首纳所统兵。上从其请，复召范同入对，命林待聘草诏书奖谕。诏词略曰：'李、郭在唐，俱称名将，有大功于王室，然光弼负不释位之衅，陷于嫌隙，而子仪闻命就道，以勋名福禄自终。是则功臣去就取舍之际，是非利害之端，岂不较然著明。'意盖有所指也。上谓韩世忠、张俊、岳飞曰：'朕昔付卿等以一路宣抚之权尚小，今付卿等以枢府宣抚之权甚大，卿等宜共为一心，勿分彼此，则兵力全而莫之能御，顾如兀朮，何足扫除乎。'是日，诏宣抚司并罢。遇出师临时取旨。逐司统制官已下，各带'御前'字入衔，令有司铸印给付。且依旧驻扎。将来调发，并三省、枢密院取旨施行。仍令统制官等各以职次高下轮替入见。"（罢宣抚司事，《会要》职官四一之三四所载略同）

癸卯，进公部曲王胜等人官。

同书同卷："癸卯，御前统制昭信军承宣使王胜、江州观察使刘宝，并加龙神卫四厢都指挥使。磁州团练使成闵为棣州防御使。中亮大夫果州观察使岳超领武胜军承宣使。四人皆韩世忠部曲也。"

乙巳，公献西马五百匹。

同书同卷："枢密使韩世忠献西马五百匹在楚州诸军者，诏收入帐。"

丁未，诏公听候御前委使；张俊、岳飞出使按阅，措置战守。

同书同卷："丁未，诏韩世忠听候御前委使，张俊、岳飞带本职前去按阅御前军马，专一措置战守。时秦桧将议和，故遣俊、飞往楚州，总淮东一路全军还驻镇江府。（二枢使出使，未见降旨之日，今年六月二十日耿著状云："五月上旬有指挥，韩世忠听候御前委使，张俊、岳飞出外按阅军马。"丁未初十日也，故附于此日。又按《日历》，此月十一日戊申韩世忠献钱粮之在楚州者，宜与此相关。权附此，须求他书参考本日。）"

《北盟会编》卷二一六:"五月二十九日丙寅,张俊、岳飞往淮东抚定韩世忠之兵。……更军制之初,诸军未悉朝廷之意,将士不安,乃命张俊、岳飞拊循之。"

戊申,公以军须钱、桩管米及镇江等地公使回易激赏等酒库进纳,受诏嘉奖。

《要录》卷一四〇:"戊申,枢密使韩世忠言曰:'自提兵以来,有回易利息及收簇趱积军须见在钱一百万贯,排垛楚州军前;军中耕种并桩管米九十万石,见在楚州封桩;及镇江府扬、楚、真州、高邮县、江口、瓜洲镇正赐公使回易激赏等酒库一十五;合行进纳,望下所属交收。'诏嘉奖。"

六月癸未,张俊、岳飞至楚州,飞深叹公治戎之才。俊总军还镇江,惟背嵬军赴行在。

同书同卷:"六月(戊辰朔)癸未,张俊、岳飞至楚州。飞居城中,俊居于城外,中军统制王胜引甲军而来。或告俊曰:'王胜有害枢使意。'(俊父名密,四月甲午得旨以枢使称呼。)俊亦惧,问何故擐甲,胜曰:'枢使来点军,不敢不贯甲耳。'俊乃命卸甲,然终憾之。飞视兵籍,始知韩世忠止有众三万,而在楚州十馀年,金人不敢犯,犹有馀力以侵山东,可谓奇特之士也。时统制河北军马李宝戍海外,飞呼至山阳,慰劳甚悉,使下海往山东牵制,宝焚登州及文登县而还。俊以海州在淮北,恐为金人所得,因命毁其城,迁其民于镇江府,人不乐迁,莫不垂涕。俊遂总世忠之军还镇江,惟背嵬一军赴行在。"

章颖撰《岳飞传》:"俊与飞视韩世忠军,世忠尝以谋劫虏使败和议杵桧,俊承桧风旨欲分其背嵬,俊谓飞曰:'上留世忠而使吾辈视其军,朝廷意可知也。'飞曰:'不然,国家所赖以图恢复者唯自家三四辈,倘主上复令韩太保典军,吾侪将何颜以见之?'

俊不乐。比至楚州，登城行视，俊谓飞曰：'当修城以为守备计。'飞曰：'所当戮力以图恢复，岂可为退保计？'俊变色，迁怒于二候兵，以微罪斩之。韩世忠军吏耿著与总领胡访言：二枢密来，必分世忠之军，以为生事。访上其语，桧怒，捕着下大理狱，择酷吏锻炼，欲诬世忠，飞叹曰：'吾与世忠同王事，而世忠以无辜被罪，吾为负世忠。'乃驰书告世忠，世忠大惧，亟奏乞见，伏地自明，上谕之曰：'安有是？'抚劳起之。明日宰执奏事，上以语桧，且促具着狱，着坐妄言追官流岭外，而分军之事不复究矣。俊于是大憾飞。"

秋七月甲戌，岳飞罢枢密副使，复为武胜定国军节度使，充万寿观使。

《要录》卷一四一："秋七月（丁酉朔）壬子，右谏议大夫万俟卨言：'伏见枢密副使岳飞，爵高禄厚，志满意得。平昔功名之念，日以颓惰。今春敌寇大入，疆场骚然，陛下趣飞出师，以为犄角，玺书络绎，使者相继于道，而乃稽违诏旨，不以时发；久之，一至舒、蕲，匆卒复还。所幸诸帅兵力自能却贼，不然，则其败挠国事，可胜言哉。比与同列按兵淮上，公对将佐谓山阳不可守，沮丧士气，动摇民心，远近闻之，无不失望。伏望免飞副枢职事，出之于外，以伸邦宪。'

"癸丑，上谓大臣曰：'山阳要地，屏蔽淮东，无山阳则通、泰不能固，贼来径趋苏、常，岂不摇动？其事甚明。比遣张俊、岳飞往彼措置战守，二人登城行视，飞于众中倡言"楚不可守，城安用修"，盖将士戍山阳厌，久欲弃而之他，飞意在附下以要誉，故其言如此，朕何赖焉？'秦桧曰：'飞对人之言乃至是，中外或未知也。'先是，飞数言和议非计，桧大恶之。（《岳侯传》云："绍兴十一年，大金约和，上令议和事便与不便，侯奏曰：'金人无故约和，必探我国之虚实，如前年正约和间并兵尽举，张浚不能迎遏，其军大溃,失陷川陕。兀朮、韩常重兵攻淮西,是时韩世忠在楚州,亦无所措,遂求救于朝廷,后无旬日,尽失淮楚,退兵回往镇江,以拒江为险,更无前进之意。大概行兵无方略,料敌无智胜,赏罚不明,信令不行,兵无斗志,是以战之不克,攻之不拔,则败之由也。如臣提兵深入敌境,颍昌之战,我兵大捷,敌众奔溃,前入汴京。当时戮力齐心,上下相副,并兵一举,大事可成。今日兀朮见我班师,有何惧而来约和,岂不为诈?据臣所见,为害不为利也。'"此奏不见于他书。按飞自郾城归后,兀朮未尝求和。又其词拙朴,疑亦未真。附著于此,存其意可也。)飞自楚归,乃令禼论其罪,始有杀飞意矣。(熊克《小历》称禼言:"飞倡言弃两淮以动朝廷,此不臣之渐也。"盖孙觌撰禼墓志云尔,今《日历》载禼三章,乃无此语,克又不考而遂因之。今仍载其本文,庶不失实。)

"八月甲戌,少保、枢密副使岳飞,复为武胜定国军节度使、充万寿观使。右谏议大夫万俟禼既劾飞罪,未报,御史中丞何铸、殿中侍御史罗汝楫复交疏论之,大略谓飞被旨起兵,则略至龙舒而不进;衔命出使,则欲弃山阳而不守。以飞平日,不应至是,岂非忠衰于君耶?自登枢筦,郁郁不乐,日谋引去。尝对人言:此官职,数年前执政除某,而某不愿为者。妄自尊大,略无忌惮。近尝倡言山阳之不可守,军民摇惑。使飞言遂行,则几失山阳,后虽斩飞何益。伏乞速赐处分,俾就闲祠,以为不忠之戒。禼章四上,又录其副示之,飞乃丐免,故有是命。(熊克《小历》载:"张俊、岳飞皆在镇江府,而万俟禼等论飞罪,于是飞上章丐罢,以为万寿观使。飞既罢,而俊独留镇江为备。"按赵甡之《遗史》,今年七月初,俊、飞自楚州俱还,而本月俊再出使,飞不行,故此月己卯谏疏有云:"岳飞官属,尽辟充行府差遣,飞既不行,遂各请宫祠,平居无事,聚于门下,比缘台谏缴纳副本,一夕散去。"以此考之,盖知飞不在镇江无疑也。克实甚误。)"

冬十月壬午，遣魏良臣、王公亮往兀术军前通问。

《要录》卷一四二："冬十月（丙寅朔）壬午，权尚书吏部侍郎魏良臣落'权'字，充大金军前通问使。翊卫大夫、保信军承宣使、知閤门事王公亮落阶官为福州观察使，副之。国书但使之敛兵，徐议馀事。"

癸巳，公罢枢密使，除太傅，为横海、武宁、安化军节度使，充醴泉观使。

《要录》卷一四二："癸巳，扬武翊运功臣、太保、枢密使、英国公韩世忠罢为横海、武宁、安化军节度使，充醴泉观使，奉朝请，进封福国公。世忠既不以和议为然，由是为秦桧所抑。至是，魏良臣等复行，世忠乃谏，以为中原士民迫不得已沦于域外，其间豪杰莫不延颈以俟吊伐。若自此与和，日月侵寻，人情销弱，国势委靡，谁复振乎。又乞俟北使之来，与之面议，优诏不许。世忠再上章，力陈秦桧误国，词意剀切。桧由是深怨世忠（据赵雄撰《世忠神道碑》增入。碑在除枢密使之前，误也。自敌渝盟之后，未尝有使到，今移于此，庶不牴牾也）。言者因奏其罪，上留章不出。世忠亦惧桧阴谋，乃力求闲退，遂有是命。世忠自此杜门谢客，绝口不言兵，时跨驴携酒，从一二童奴游西湖以自乐，平时将佐，罕得见其面云。"

《会要》宫观使门："（绍兴十一年）十月二十八日，太保、枢密使韩世忠除太傅，充醴泉观使。"（职官五四之一四）

《十将传》："世忠既不以和议为然，为秦桧所抑。及魏良臣使虏，世忠又力言自此人情销弱，国势委靡，谁复振之？北使之来，乞与之面议。优诏不许。遂抗疏言秦桧误国。桧讽言者论之，上格其奏不下。世忠连疏乞解枢柄，继上表乞骸骨。十月，罢为醴泉观使，奉朝请，进封福国公，节钺如故。自此杜门谢客，绝口不言兵，时跨驴携酒,从一二奚奴纵游西湖以自乐。平时将佐罕得见其面。"

《墓志铭》:"封英国公。会虏主遣完颜乌陵字董来聘,请以太上皇梓宫、皇太后銮驾来归,除前事,复故约。上曰:'诚如书,吾能忍诟以从。'使驲五反,岁行两周,而和戎之议定。两地宴然解兵彻警,公自山阳造朝,拜枢密使。貂冠赤舄,入侍帷幄,极人臣之道。阅数月,思避时柄,上书解机务,不许。章累上,且曰:'臣蒙国厚恩,誓捐躯战场,效一死以报。今以非材,承辅枢极,进陪国论,实怀危溢之惧。所冀天慈,俾解将相之官,以祠官奉朝请,日望清光,不胜区区至愿。'上不能夺,加太傅、镇南武安宁国军节度使,充醴泉观使、咸安郡王。恩礼褒宠,度越前比。公受命已,杜门谢客,绝口不论兵,时跨一驴,从二三童奴,负几杖,操酒壶为西湖山水之游。解衣藉草,命酒独酌,兴尽而返。平时将佐部曲,皆莫见其面。"

案:韩氏之拜枢密使不在完颜乌陵字董来聘议和之时,此上逐年各条可见。其进封咸安郡王在十三年二月,改除镇南武安宁国军节度使在十七年三月,孙氏以为即在罢枢密使之时,误也。然其所节韩氏章疏云云,则当在乞罢枢使之时,故合并录附于此。

《忠武王碑》:"时和议复成,秦桧权力益盛,异己者祸如发矢,王复危言苦谏,以为'中原士民迫不得已,沦于腥膻,其间豪杰莫不延颈以俟吊伐,若自此与和,日月侵寻,人情销弱,国势委靡,谁复振之?'太上复赐札嘉奖。又乞与北使面议,优诏不许。寻再上章,力陈秦桧误国,词意剀切,桧由是深怨于王。已而尽撤边备,召诸大将还阙,王及张俊、岳飞除枢密使副。王上表乞解枢务,避宠丐闲,时论高之。时绍兴十一年也。又上表乞骸骨,不许,除太傅,依前三镇节钺,充醴泉观使、进封福国公,赐第都城,奉朝请。"

案:韩氏之谏和议当在已除枢密使之后,碑文云云颇失先后之序,详见前引李心传辨正之文。以"赐第"事为他书所不载，姑附录于此。

《宋宰辅编年录》卷十六："十月癸巳，韩世忠罢枢密使。（自太保、英国公授太傅、横海武宁安化军节度使、充醴泉观使，加扬武翊运功臣。）制曰：'进则颛密席之崇，允赖威名之重；退而处殊庭之秩，盖从偃息之休。眷若勋贤，劳于事任。兹力祈于闲佚，其宠涣于恩褒。爰造治朝，诞敷明命。具官韩世忠，忠怀亢烈，风概沉雄，伟然一世之英，凛有万夫之望。陈军谟而训旅，勇且知方；持师律以临戎，多而益办。自历艰虞之险，备殚守攻之勤。勋在王家，烂若旂常之纪；威行夷裔，烈如雷电之驰。比由外阃之严，入斡鸿枢之柄。予深注意，日观前箸之筹；敌亦耸闻，固已侧席而坐。何忽陈于悃愊，顾即遂于燕申。谓收身于百战之馀，难复縻以万微之务。冀黄枢之得谢，追赤松而与游。载嘉止足之风，固宜从欲；独念倚毗之久，弗忍遐遗。是用斥帝傅之峻班，还将坛之叠组。乃冠灵台之号，并增井食之封。俾谐就第之荣，不废造朝之礼。有蕃命数，式侈宠光。于戏，知臣下勤劳，朕尚迪宽洪之度；以功名终始，尔克遵明哲之规。虽出处之或殊，实安危之并倚。勿云释位，不我告猷。'"

和议复成。

《要录》卷一四二："十有一月（乙未朔）辛丑，金国都元帅宗弼遣魏良臣等还，许以淮水为界，岁币、银帛各二十五万匹、两，又欲割唐、邓二州，因遣其行台户部侍郎萧毅、翰林待制同知制诰邢具瞻审定可否。

"乙卯，御史中丞何铸充端明殿学士、签书枢密院事，充大金报谢使。

"丁巳，拱卫大夫、利州观察使、知阁门事曹勋落阶官为容州观察使，充报谢副使。

"戊午，金国审议使萧毅等辞行。时朝廷许割唐、邓二州，馀以淮水中流为界。毅辞,上谕曰:'若今岁太后果还,自当谨守誓约;如今岁未也,则誓文为虚设。'"

同书卷一四三:"十有二月(乙丑朔)乙亥,签书枢密院事、大金报谢使何铸等至军前,金国都元帅宗弼遣铸往会宁,且以书来索北人之在南者,因趣割陕西馀地。是日,朝廷亦遣莫将、周聿往割唐、邓。又命郑刚中分划陕西,以刘豫、吴玠元管地界为准。"

十二月二十三日辛巳,公生日,诏赐羊酒米面等。

刘才邵《樵溪居士集》卷六,《赐太傅韩世忠生日诏》:"顷从右府,均逸真祠。属兹载诞之辰,爰举匪颁之式。其膺宠数,益保寿康。今赐卿生日羊酒米面等,具如别录,至可领也。故兹诏示,想宜知悉。"

> 案:四库本《樵溪居士集》于此诏标题下附考语云:"案周必大《玉堂杂记》:宰执及亲王、使相、太尉生日,天章阁排办牲饩,预申学士院撰诏及写赐目一纸,各请御宝,前一日差内侍持赐。又云:祖宗朝,牲饩外又赐器币,过江后惟牲饩耳。米面本色,羊准价,酒则临安酿造,临时加以黄封。赐韩世忠以下十诏,盖当时故事也。附识于此。"而此诏降于何时,则未之及。兹据起首"顷从右府,均逸真祠"二句,断其即在本年,当不误也。

二十九日癸巳,岳飞赐死。

《要录》卷一四一:"九月癸卯,鄂州前军副都统制王俊诣都统制王贵,告副都统张宪谋据襄阳为变。……张俊在行府闻之,遂收宪属吏。"

同书卷一四二:"十月戊寅,少保、醴泉观使岳飞下大理寺。先是,枢密使张俊言:张宪供通为收岳飞处文字后谋反,行府已有供到文状。左仆射秦桧乘此欲诛飞,乃送飞父子于大理狱,命御史中丞何铸、大理卿周三畏鞫之。"

同书卷一四三:"十有二月癸巳,岳飞赐死于大理寺。飞既属吏,何铸以中执法与大理卿周三畏同鞫之,飞久不伏,因不食求死。命其子阁门祇候雷视之。至是,万俟卨入台月馀,狱遂上。及聚断,大理寺丞李若朴、何彦猷言飞不应死,众不从,于是飞以众证,坐尝自言己与太祖俱以三十岁节度使,为指斥乘舆,情理切害;及敌犯淮西,前后受亲札十三次,不即策应,为拥兵逗留。当斩。……诏飞赐死。……仍籍其货,流家属于岭南,天下冤之。飞死年三十九。初,狱之成也,太傅、醴泉观使韩世忠不能平,以问秦桧,桧曰:'飞子云与张宪书虽不明,其事体莫须有。'世忠怫然曰:'相公!莫须有三字,何以服天下乎?'……"

〔附录李心传《旧闻证误》卷四考证一则〕绍兴壬戌,罢三大帅兵柄,时韩王世忠为枢密使,语马帅解潜曰:"虽曰讲和,敌性难测,不若姑留大军之半于江之北,观其衅。公其为我草奏,以陈此事。"解用指为札子,韩上之,已而付出,秦会之语韩云:"何不素告我而遽为是耶?"韩觉秦词色稍异,仓卒皇恐,即云:"世忠不识字,此乃解潜为之,使其上耳。"秦大怒,翌日贬潜单州团练副使,南安军安置。张子韶云。(出王明清《挥麈后录》)按:解承宣初以赵忠简引为步帅,绍兴八年,忠简罢,解力求去。九年夏,罢为福建总管。此时韩良臣为淮东宣抚使也。十一年四月韩罢为枢密使,乃命张、岳二将往山阳总其兵还屯京口。十四年三月,言者劾解本忠简之客,不从和议,乃责散官,安置南安军。王所闻皆误。先是,七年十一月,秦会之为枢密使,奏令韩还屯京口,韩言"敌情难测,将以计缓我,乞留此军遮蔽江淮"。上然之,乃留屯山阳。时忠简再相,解典步军在金陵,或指此也。然当张通古来时,韩五上书力谏,及萧毅再至,又力论其非,请与敌使面议,且上疏论会之误国,由是观之,韩非仓卒退避而诿之他人者。子韶与解同谪居,不应误;王之言未深考。

● **绍兴十二年壬戌（1142） 金皇统二年 五十四岁**

八月，金人以徽宗梓宫及皇太后还。庚午，入楚州界。

《北盟会编》卷二一一："绍兴十二年八月十日庚午，徽宗皇帝、显肃皇后、懿节皇后梓宫及皇太后归自金国，入楚州界。"

辛巳，高宗迎皇太后于临平镇，公从行，皇太后特召至帘前慰问焉。

《要录》卷一四六："辛巳，上奉迎皇太后于临平镇。初，后既渡淮，上命秦鲁国大长公主、吴国长公主逆于道，至是，自至临平奉迎。……上初见太后，喜极而泣。军卫欢呼，声震天地。时宰相秦桧、枢密使张俊、太傅醴泉观使韩世忠及侍从两省三衙管军从上行，皆班幄外。太后自北方闻世忠名，特召至帘前曰：'此为韩相公耶？'慰问良久。其后饷赐无虚月。"

《北盟会编》卷二一一："车驾如临平镇奉迎皇太后也。是日，上入幄朝见，宰相及文武百官班幄外，起居如仪。上初瞻慈容，喜深感极，泪湿龙绡，军卫欢声动天地。父老童稚，携持夹道拥观，以手加额，咸感叹曰：'不图复见圣神母子之重欢如此也。'初，太后见将相大臣班列于道，顾左右曰：'孰是韩世忠？虏中皆知其名。'左右指世忠，太后嘉叹久之。"

冬十月，进封潭国公。

《要录》卷一四七："冬十月壬午，太傅、醴泉观使、福国公韩世忠进封潭国公。"

十一月，刘光世薨。

同书同卷："十有一月（己丑朔）辛丑，和众辅国功臣、太保、护国镇安保静军节度使、充万寿观使、杨国公刘光世薨于行在，年五十四。诏赠太师。光世早贵，其为大将，御军姑息，无克复志，论者以此咎之。（光世乾道八年追封安城郡王，开禧元年又封鄜王。熊克《小历》载光世薨在今年正月，盖《林泉野记》之误，而克又因之。）"

十二月，公上书愿献所赐田及私置田三年所收之谷助军储，不许。

同书同卷："十有二月（己未朔）己卯，太傅、醴泉观使、潭国公韩世忠奏：'先蒙赐到田土，并私家所置良田，岁收数万石，愿以三年所收之数献纳朝廷，以助军储。'不许。上谓秦桧曰：'唐藩镇跋扈，盖由制之不早，遂至养成。今兵权归朝廷，朕要易将帅，承命奉行，与差文臣无异也。'"

作词赠苏符，当在本年前后。

费衮《梁谿漫志》卷八《韩蕲王词》："绍兴间，韩蕲王自枢密使就第，放浪湖山，匹马数童，飘然意行。一日，至湖上，遥望苏仲虎尚书宴客，蕲王径造其席，喜甚，醉归。翌日折简谢，饷以羊羔，且作二词，手书以赠，苏公缄藏之，亲题其上云：'二阕三纸，勿乱动。'淳熙丁未，苏公之子寿父山丞太府，携以示蕲王长子庄敏公，庄敏以示予。字画殊倾欹，然其词乃林下道人语。庄敏云：'先人生长兵间，不解书，晚年乃稍稍能之耳。'其一词《临江仙》云：'冬看山林萧疏净，春来地润花浓。少年衰老与山同。世间争名利，富贵与贫穷。荣贵非干长生药，清闲是不死门风。劝君识取主人公。单方只一味，尽在不言中。'其一《南乡子》云：'人有几何般，富贵荣华总是闲。自古英雄都如梦，为官。宝玉妻男宿业缠。年迈惜衰残，鬓发苍浪骨髓干。不道山林有好处，贪欢。只恐痴迷误了贤。'世忠上。"

楼钥《攻媿集》卷七五《跋韩忠武王词》云："近见费补之（衮）《梁谿漫志》：'绍兴间，韩蕲王……晚年乃稍能之耳。'嘉定改元，庄敏公次子枢密副都承旨带御器械杕以二词石本见示，益信梁谿之说，但词中一二字不同耳。昔人有竞病之诗，及塞北烟尘之句，虽皆可称，殆未有超然物外如蕲王之旷达者也。中元日四明楼钥书。"

> 案：苏符字仲虎，轼孙，迈子。据《系年要录》，苏符，绍兴十年十月权礼部尚书，十一年兼侍讲，十二年二月罢为左朝散郎，提举江州太平观，十三年二月知遂宁府。因有田在苏，遂留居其地，秦桧不乐，十四年五月右正言詹大方劾符踰年不行，徘徊近地，窥伺时事，诏降符二官，趣之任。嗣即入蜀，迄于绍兴二十五年未肯再出蜀。然则《梁谿漫志》所记湖上会客之事，或即在罢侍讲后，提举江州太平观时也。未能确定，姑附于此。

● 绍兴十三年癸亥（1143）　金皇统三年　五十五岁

正月，公上书乞统计历年私产及所赐田未输之税归之官，从之。

《要录》卷一四八："绍兴十有三年春正月（己丑朔）癸巳，太傅、醴泉观使、潭国公韩世忠请以其私产及上所赐田、统计从来未输之税，并归之官，从之。仍赐诏奖谕。"

二月，公与张俊等乞将带直省官、散祗候各二人入殿，趁赴朝参。

《会要》群官仪制门："（绍兴）十三年二月三日，诏三公、三少、亲王、使相趁赴常朝，许带直省官二人入殿门，至幕次止。先是，太傅韩世忠、张俊、少保杨存忠、开府仪同三司潘正夫言，乞将带直省官、散祗候各二人入殿，趁赴朝参，故有是命。"（仪制卷五之二五）

初八日丙寅，进封咸安郡王。

《要录》卷一四八："二月（己未朔）丙寅，扬武翊运功臣、太傅、横海武宁安化军节度使、醴泉观使、潭国公韩世忠进封咸安郡王。时刘光世始薨，旧功大臣惟世忠与张俊在，俊勋誉在世忠左，特以主和议，故为秦桧所厚顾，先得王。至是，世忠愿输积年租赋于官，乃有此命。时上又数召世忠等兼家属燕于苑中，赐名马、宝剑等甚渥。（世忠所以得王，墓碑及诸书皆不载。其制词曰："愿会赋租，并归官府，重惟远识，实丽前贤。盖度越于常人，宜显颁夫异数。"即指此也。）

十一日，诏公赴六参起居。

《会要》常参起居门："（绍兴）十三年二月十一日，诏张俊、韩世忠、韦渊并特令趁赴六参起居。皆以在京宫观奉朝请故也。"（仪制卷二之二一）

〔**附录**刘才邵《檆溪居士集》卷四《拟韩世忠加恩制》〕敕：朕祗率累朝之大典，丕昭元祀之上仪。璧玉华光，兼致精纯之荐；箫管备举，肆宣皦绎之音。神人以和，福禄来下，特博施于纯嘏，宜先及于旧勋。爰择令辰，诞扬涣号。具官某，处躬庄厚，秉德忠纯。屹然劲锐之资，而以沈雄之量。韬传龙豹，素推料敌之明；阵列鹳鹅，独奋陷坚之勇。屡畴功阀，备载旂常。兼三镇之节旄，联上公之衮绣。颐神真馆，列位王藩。高而不危，盖惟侯度之谨，卑以自牧，务全谦德之光。属熙事之克成，宜神釐之均锡。乃举褒崇之典，用酬陪侍之勤。申衍圭腴，并加真食。兹惟新渥，式示殊私。于戏，櫜弓矢而戢干戈，时虽臻于偃武；听鼓鼙而思将帅，朕方厚于念功。其茂对于恩崇，以益绥于燕誉。可。

案：四库本《檆溪集》于此制标题下附考语云："案自此以下三制，当亦绍兴十三年郊祀推恩故事。"于"列位王藩"

句下云:"案《宋史》,绍兴十一年世忠抗疏言秦桧误国,桧讽言者论之,世忠连疏乞解枢密柄,且乞骸,遂罢为醴泉观使奉朝请,封福国公,十二年改潭国公,节钺如故,十三年封咸安郡王,故此云'颐神真馆,列位王藩'也。"于"务全谦德之光"句下云:"案史称世忠既解兵柄,杜门谢客,绝口不言兵,时跨驴携酒,纵游西湖,部曲旧将不得一见其面。制所谓'高而不危,惟侯度之谨;卑以自牧,全谦德之光',为道其实云。谨附识于此。"今查标题中有"拟"字,则是制词虽已命就而实并未用也。刘才邵以绍兴十三年八月由军器监守起居舍人,兼权中书舍人,是年十一月庚申郊祀,制词或确如四库馆臣所考,即拟于此时者。他无可考,姑附于此。

● 绍兴十四年甲子(1144) 金皇统四年 五十六岁

春正月(癸丑朔)丙寅,公上书乞住支请给,并将背嵬使臣及官兵一百人还归朝廷使用。诏嘉奖之。

《要录》卷一五一:"初,太傅、醴泉观使、咸安郡王韩世忠之罢枢筦也,上命存部曲五百人,俸赐如宰执。丙寅,世忠言:'两国讲和,北使朝正恭顺,此乃陛下沈机独断,庙堂谋谟之力。臣无毫发少禆中兴大计,望将请给截日住支,并将背嵬使臣三十员、官兵七十人拨赴朝廷使用。'诏使臣令殿前司交割,馀不许。"

《宋会要》导从门:"(绍兴)十四年正月十四日,太傅、横海武宁安化军节度使、充醴泉观使、咸安郡王韩世忠言:'臣先蒙异恩,请给人从并依见任宰执。今乞将臣见今请给截日住支。并朝廷元拨到官兵五百人,亲随背嵬使臣三十人,除事故外,见有四百馀人,今乞将亲随背嵬使臣三十人,兼官兵七十人,通作一百人,还赴朝廷使用,外有五百馀人,乞留照管家属。'诏背嵬使臣三十人交割付殿前司,馀不允。初,朝廷以世忠有功,特加异礼。世忠心

不安,故有是请。"(仪制卷四之一八)

《樵溪居士集》卷六《赐韩世忠乞住请给等诏》:"敕世忠:省所上札子奏乞将见今请给截日住支、先蒙朝廷差拨到官兵五百人数,内将背嵬使臣三十员兼官兵七十人、通作一百人,还归朝廷使用事,具悉。惟东汉建武之世,优礼功臣,全其封禄,用能使之咸以功名延裦于后,朕甚嘉之。故推异数,以答旧勋,期无愧于古焉。卿早列将坛,输忠王室,陷坚却敌,茂著隽功,顷均逸于殊庭,既备膺于褒典,置兵卫以加宠,厚禄秩以隆恩。并示优崇,于礼为称。乃存谦牧,忽露忧辞。虽嘉知足之风,岂朕念功之意。难尽从于冲尚,宜深体于眷怀。所请背嵬使臣三十人交割付殿前,馀不允。故兹诏示,想宜知悉。"

案:四库本《樵溪集》于此诏标题下附考证云:"案《宋史》列传,绍兴十二年四月秦桧收三大将权,拜世忠枢密使,遂以所积军储钱八万贯、米九十万石、酒库十五归于国。十月,罢为醴泉观使,奉朝请,进封福国公。是诏乃为其乞住请给及归还使臣官兵等事,当是缴还军储之后、请宫观之前有此疏,史未及详耳。"查韩氏之献军须钱、桩管米及酒库等,事在绍兴十一年四月戊申,乞住支请给等事则在本年,混二事为一谈,误也。

● 绍兴十五年乙丑(1145) 金皇统五年 五十七岁

● 绍兴十六年丙寅(1146) 金皇统六年 五十八岁

● 绍兴十七年丁卯(1147) 金皇统七年 五十九岁

三月,移节镇南武安宁国军。

《要录》卷一五六:"(绍兴十七年)三月(甲子朔)戊子,扬武翊运功臣、太傅、醴泉观使、咸安郡王韩世忠移节镇南、武安、宁国军。"

● 绍兴十八年戊辰（1148） 金皇统八年 六十岁

● 绍兴十九年己巳（1149） 金海陵王天德元年 六十一岁

● 绍兴二十年庚午（1150） 金天德二年 六十二岁

● 绍兴二十一年辛未（1151） 金天德三年 六十三岁

秋，公病，上表谢事。八月初五日壬申，拜太师致仕。是日薨于临安府之赐第。

《宋会要》致仕门："（绍兴）二十一年八月五日，太傅、镇南武安宁国军节度使、充醴泉观使、咸安郡王韩世忠乞致仕，诏除太师致仕。"（职官七七之六九）

葛立方《归愚集》卷八《韩世忠除太师致仕制》："尽瘁于国，久输卫社之忠；谂疾于朝，忽露奉身之请。礼宜从欲，恩特疏荣。亶为进退之光，用辑始终之眷。具官某，性资英果，知略沉雄，素驰玉塞之名，肃禀金方之气。六奇制胜，坐摅帷幄之谋；七萃宣威，屡奏边疆之捷。驯致征鞍之戢，益坚带砺之诚。苴茅异姓之王，受钺三方之镇，何期谢事，遽抗封章。其峻陟于帝师，用增崇于勋阀。噫，赵营平之就第，岂徒四马之恩；李固始之乞骸，加贲三公之位。往祗休宠，益介寿康。"

《忠武王碑》："二十一年秋，王病，不能朝，乃上表谢事。策拜太师。问疾之使，肩摩毂击于道。于是悉召故人列候，勉以忠义大节，焚逋券百万，亲视含襚，曰：'吾以布衣，百战致位公王，可以无憾矣。'以是年八月四日薨于私第之正寝，享年六十有三。疾方革，累诏宣医诊视。讣闻，太上蠲然为辍视朝。赠通义郡王，赙以内帑金帛各三千匹两，锡尚方名录龙脑香以敛。襚服用一品。所以慰恤其家甚至。"

《宋宰辅编年录》卷十六绍兴十一年十月癸巳《韩世忠罢枢密使制词》后附载云："二十一年八月壬申，世忠卒。世忠疾，上敕太医驰视，问劳之使相属于道。平时将吏问疾卧内，世忠曰：'历事三朝，大小百馀战，冒白刃，中流矢，未尝退衄，瘢痍尚存。'发衣视之，举体皆是。且曰：'赖天地之灵，得全首领卧家簀而没，诸君尚哀之耶？'疾益侵，册拜太师致仕。讣闻，不视朝。赠赙有加。遣中贵人护丧事，赠通义郡王，官其亲属九人。"

《要录》卷一六二："八月（戊辰朔）壬申，扬武翊运功臣、太傅、镇南武安宁国军节度使、充醴泉观使、咸安郡王韩世为太师致仕。是日，世忠薨于赐第。年六十三。始，世忠得疾，上饬太医驰视，问访之使相属于道，将吏问疾卧内，世忠曰：'吾以布衣，百战致位公王，赖天之灵，得全首领卧家而殁，诸君尚哀其死耶？'……其制兵器：凡今跳涧以习骑，洞贯以习射，狻猊之鍪，连锁之甲，斧之有掠阵，弓之有克敌，皆世忠遗法。尝中毒矢洞骨，则以强弩拔之。十指仅全四，不能动。身被金疮如刻画。晚以王公奉朝请，绝口不言功名。自罢政居都城，高卧十年，若未尝有权位者，而偏裨部曲往往致身通显，节钺相望，岁时造门，类皆谢遣。独好浮屠法，自号清凉居士。于时举朝惮秦桧权力，皆附丽为自全计，世忠于班列一揖之外，不复与亲。逮薨，有诏选日临奠，桧遣中书吏韩珹以危语胁其家，于是其家辞而止。赐朝服、貂冠、水银、龙脑以敛。赙银帛三千匹两，追封通义郡王。其子直敷文阁彦直、直秘阁彦朴、彦质、彦古，皆进职二等。孙右承奉郎梴、柣并直秘阁，赐五品服。又命睿思殿祗候徐伸护葬事。（世忠追封在是月癸酉，降旨临奠在丁丑，其家辞免在庚辰，诸子孙进职在二十三年三月丙申。今联书之。二十七年九月乙巳，二子五孙又各进一官。)"

案：韩氏之薨，《神道碑》谓在八月四日辛未，《北盟会编》从之。《宰辅编年录》及《系年要录》则均谓在五日壬申，《会要》所载除太师致仕之诏亦在五日，与《要录》所载同，且《要录》所载各事亦均较详确，今从之。

初六日癸酉，追赠通义郡王。

《归愚集》卷八《韩世忠赠通义郡王制》："吉祝无凭，莫起河鱼之疾；遗占来上，俄兴隙驷之伤。眷予心膂之臣，久寄爪牙之任，宜颁密赠，用侈泉扃。具官某，烈概凌霜，纯诚贯日，气禀山西之锐，书传齐北之奇。际云龙千载之时，居貔虎万夫之长。行军用将，理无探简之难；陷阵摧坚，势有建瓴之易。威扬紫塞，功纪青编，胡不永年，遽沦长夜。乃广峨眉之壤，追封通义之邦。易受王章，锡兹帝祉。噫，克遵庙算，坐消赤白之囊；邈想朝仪，惟有丹青之像。尚期冥漠，韵我宠灵。"

初十日丁丑，降旨临奠。十三日庚辰，魏国夫人茆氏上疏辞免。

《宋会要》临奠门："二十一年八月十三日，故太师、通义郡王韩世忠妻魏国夫人茆氏状：'亡夫世忠身薨，恭闻车驾将欲临奠，经由道路窄隘，不敢仰勤清跸临幸，乞赐寝免。'诏依所乞，令三省取索临奠刘光世推恩体例取旨。寻诏世忠男彦直、彦质、彦古，孙梃、杙、格、枂、樗各与转一官。"（礼四一之二三）

〔**附录**〕《夷坚志》："绍兴二十一年，韩蕲王病笃，诏王继先诊视，至则已亡。追暮复苏，言为四卒追去，中途忽思有三事未了，不料死期遽至，衔恨无穷。行抵大官府，闻赞引之声，如世间呵殿，指挥卷帘，主者盛服据案，威貌肃然，揖吾升厅相见，叙寒温，坐定,始认为晏景初尚书。晏云:'适在道有所思,何也?'吾起拱,白曰:'正谓三事未了而之死地,是以不能忘。一者世忠久叨将帅,杀人至多,虽王事当然,顾安得无枉滥,拟欲建黄箓大醮拔济之,且解释冤结。二者侍妾颇多,未办分付,欲令有父母者归之,无者嫁之。三者外间举债负钱,虑子孙追索,不无扰人,欲悉焚券。今不可为矣。'晏公云:'若郡王不起此念,冥中亦不以客礼相待。当令郡王且还,不几日可了?'吾曰:'一月足矣。'晏云:'容为奏请,如期却来。'乃得活。亟命营所欲,一月皆毕,遂毙矣。"

● 孝宗眘乾道四年　金世宗　公卒后十七年
戊子（1168）　大定八年

五月,追封蕲王。

《宋会要》追赠杂录:"(乾道)四年四月十八日,宰执进呈统制官张青言韩世忠之功,乞追封王。上曰:'事已历年,又无所因。'宰臣陈俊卿曰:'张俊、杨存中已封王,则于韩世忠似有不足。前此失于无人建白,若圣意行之,亦足劝有功而励将士。'上可之,遂封蕲王。"(仪制一三之一〇)同书再赠官门:"(乾道)四年五月十一日,诏扬武翊运功臣、太傅、镇南武安宁国军节度使、通义郡王、赠太师韩世忠追封蕲王。"(仪制一二之一九)

● 孝宗淳熙元年　金大定十四年　公卒后二十三年
甲午（1174）

九月,蕲国夫人周氏卒。

《吴郡志》卷十一《牧守题名》:"韩彦古,朝奉大夫、秘阁修撰,淳熙元年七月到,当年九月丁母蕲国夫人周氏忧,解官持服。"

淳熙三年 丙申（1176） 金大定十六年 公卒后二十五年

二月，谥忠武。

《宋史·孝宗纪》卷二："（淳熙三年二月）赐韩世忠谥曰忠武。"

《忠武王碑》："上缵祚之十五年，威行德孚丕冒，海隅出日，罔不畏服，罔不愿为臣妾。上益励精行健，冀大有为，闻鼓鼙而思勋臣，于昕夕不忘。乃二月甲午，制曰：'韩世忠感会风云，功冠诸将，可特赐谥忠武。'盖太师韩蕲王之薨之葬，至是已二十有六年，而褒宠益光，遂与汉丞相亮、唐汾阳王子仪同谥。宸奎内出，不由有司，中外伟之。"

公子彦古奏请御撰碑文，孝宗亲书中兴佐命定国元勋之碑以赐，并命礼部尚书赵雄撰文。

《忠武王碑》："时王子彦古方居蕲国夫人忧，闻诏感泣继血，即拜书谢。又拜书请曰：'草土臣彦古谨昧死言：臣之先臣世忠，发身戎行，逮事徽宗、钦宗，皆著显效。暨委质太上皇帝，自大元帅霸府，洪济于中兴，始终实备大任。仰凭宗社威灵，与太上皇帝庙谟神算，摧勍敌如拉朽，芟剧盗如刈菅，大战数十，小战数百，丰功盛烈，光照古今。不幸早弃明时，亦既积年，陛下悯念勋劳，固尝爵以真王，锡之美谥，独墓道之石无名与文，惟陛下哀矜，究此光宠，岂独诸孤显耀，抑先臣有知，亦当效结草之忠。'天子曰：'呜呼，惟乃父世忠，自建炎中兴，实资佐命，式定王国，时惟元勋，予其可忘？'乃亲御翰墨，大书曰'中兴佐命定国元勋之碑'，翌日朝诸将于凌虚阁，特诏彦古戎服入见，而赐御书，俾冠于碑首，顾谓诸将曰：'世忠有大功于帝室，今彦古亦克有志世其家，予惟宠嘉之，是用锡此丰碑。诸卿勉哉。'诸将感激奋跃，益知国家之不负臣下也，忠孝之不可以不尽也，功名之不可以不力也，皆趋下再拜，彦古亦再拜泣而出。既又诏礼部尚书臣雄曰：'汝其铭世忠之碑。'臣雄以谓圣主褒崇元臣，兹事体大，顾末学弗称，且祖讳与王名谥适同，寻上书恳辞，上邃批出，略曰：'君前臣名，临文不讳，不许辞免。'臣雄于是惶恐奉诏，谨拜手稽首上故太师蕲忠武王遗事。"

淳熙十五年　　金大定
● **戊申（1188）　二十八年**　公卒后三十七年

三月，以公与吕颐浩、赵鼎、张俊配飨高宗庙庭。

《宋会要》配飨功臣门："淳熙十五年三月十七日，礼部尚书宇文价等言：'奉诏令臣等详议高宗皇帝祔庙配飨功臣者。恭惟高宗圣神武文宪孝皇帝天锡勇智，绍开中兴，拨乱之勋，同符于艺祖，揖逊之德，光媲于唐尧。一时将相名臣著在彝鼎，宜列侍太室，序于大烝，丕昭隽声，式叶旧典。伏见故宰臣太师秦国公谥忠穆吕颐浩，再登鼎司，能断大事，主盟义举，取日虞渊，迄于瀛海无波，复安宗社，艰难之际，厥功茂焉。特进观文殿大学士谥忠简赵鼎，智虑湛明，学识醇固，北边受敌，力赞亲征，国本未正，建万世之长策，望实高劭，斯民具瞻。太师蕲王谥忠武韩世忠，身更百战，义勇横秋，建炎勤王，投袂奋发，连营淮楚，虎视无前，名闻羌夷，至今落胆。太师循王谥忠烈张俊，策翊霸府，披荆棘以立朝廷，御侮鄞川，靖寇江左，功名之盛，溢于旂常，而秉心忠勤，终始一节。四人皆有名绩，见称于世。宜如明诏，伏请并配飨高宗庙庭。'从之。"（礼一一之九~十）

● 光宗惇绍熙元年　金章宗　　公元后三十九年
　庚戌（1190）　　明昌元年

三月，配飨绘像讫。

《宋会要》配飨功臣门："光宗绍熙元年三月九日，诏吕颐浩、赵鼎、韩世忠、张俊并已配高宗皇帝庙庭，绘像讫，各许长房陈乞恩例一名。……"（礼一一之六）

附录　墓志碑铭

《墓志铭》（孙觌）

炎正中否　有天来骄　牂羊之首　坟犬为妖　万骑控弦
鼓行而至　诸将按兵　拱手坐视　暨暨韩公　山西之雄
赤心许国　谊不营躬　群枭噪谨　伏阙称乱　奋梃一呼
奉头鼠窜　手格二叛　槛载而归　磔之东市　封为鲸鲵
胡马饮江　千艘北渡　公挺一身　塞其归路　犬羊胆落
江水为丹　电扫霆驱　威慑八蛮　移屯楚甸　坐镇千里
长城隐然　强寇气死　释兵十万　归居庙堂　玉带金鱼
异姓之王　麒麟图象　中兴第一　巍巍堂堂　莫与公匹
国恩粗报　哿矣归休　奉身而退　以老菟裘　大雅君子
明哲是保　一马二童　担夫争道　乌乎逝矣　生虽有终
与宋亡极　惟公之功　阊阖之西　灵山之麓　有坟岿然
过者必肃

《神道碑铭》（赵雄）

昔在宣靖　崇极而倾　胡酋不恭　神州尽腥　天地重开
真人龙翔　德业巍巍　周宣汉光　凡此中兴　谁实佐命

綮时元勋	王国以定	元勋谓何	维师蕲王	王奋山西
起翦之乡	铁胎之槊	悍马长槊	方在童年	气震山岳
逮事徽皇	至于钦宗	天下兵动	外阻内讧	王先戎行
是礤是剪	浙西山东	绩用不显	霸府肇新	来乘风云
扫清南都	大驾时巡	淮海之间	剧盗蝟起	解甲束戈
如父诏子	帝幸馀杭	王征徐方	逆臣乘虚	反易天常
贼虐枢臣	都城喋血	凶焰孔炽	震惊宸阙	王在海上
闻变号呼	凡尔众士	今当麋驱	吾与群凶	不共戴天
山川鬼神	实临此言	舟师鼓行	雷动电击	挠彼凶徒
裂胆褫魄	天位反正	乾清坤夷	生擒渠魁	枭首大逵
有狡汝为	盗据富沙	流毒全闽	血人于牙	大江之西
重湖之南	蜂屯蚁结	虎猛狼贪	三方百城	地数千里
夺攘矫虔	声势相倚	当宁谋帅	宜莫如王	授以斧钺
往椿其吭	覆其穴巢	锄其根萌	阅岁未周	三方悉平
奔旗奔师	捷书相望	贷遣胁从	旌别善良	尔商尔财
我弛尔征	尔农尔田	我资尔耕	仁义之兵	吊伐是尚
帝有恩言	卿古名将	胡马饮江	充叛以降	金陵不支
浲窥上邦	王整虎旅	邀截归路	虏朮虽强	望风震怖
海舰如云	江之中流	北剿援兵	南衂归舟	水战陆攻
摧枯拉脆	杀伤莫数	俘获万计	酋帅小黠	仅脱其身
敌势浸销	皇威益信	朮犹不悛	才数年期	倾国南侵
步骑分驰	逆党成林	尘暗穹苍	九重制诏	罪己如汤
王曰呼嗟	君父旰食	臣何生为	矢死报国	部分将佐
直趋淮壖	亲室归途	示无生还	妙算既定	奇计先施

声言守江	已驻大仪	众寡虽殊	我整彼乱	虏骑纷吷
马足俱断	四面鏖击	若降若屠	积骸为丘	洒血成渠
折馘献俘	千里相踵	骁将数百	岂计辎重	偏裨在楚
亦以捷闻	王来穷追	虏师大奔	振旅凯歌	天子曰都
世忠世勇	虏不足诛	江左人心	恃此宁谧	中兴以来
武功第一	淮阳钟离	莫非俊伟	生平战多	竹帛莫纪
王屯极边	志清中原	和议既谐	弛强铄坚	王之论和
忠愤激烈	利害皎然	黑白区别	圣主俞之	权臣仇之
明哲令终	天实休之	孰不为将	孰不建功	动摇丘山
呼吸雷风	惟王天资	与勇将异	达以智谋	本以忠义
大疑大事	决于片词	较彼起翦	王其过之	王起寒素
饭糗衣纻	出际盛时	蛟龙云雨	解衣推食	言听计行
任用不疑	天子之明	三镇节旄	三事典策	报功惟优
天子之德	惟圣天子	使臣以礼	哀荣死生	福禄终始
重华神武	志大有为	眷言勋劳	恨不同时	真主启封
贵穷人爵	忠武之谥	如葛如郭	八言衮褒	更瞻云章
谁克有勋	上不汝忘	丰碑岩岩	亿载有耀	凡百臣子
其思忠孝				

编　　后

　　四传二谱（即《北宋政治改革家王安石》、《岳飞传》、《陈龙川传》、《辛弃疾（稼轩）传》与《韩世忠年谱》、《辛稼轩年谱》）六部著述，是先父邓广铭宋代人物传记系列的代表作。这几位杰出人物，依其在历史上活动的时间顺序来讲，是王安石（1021～1086）、韩世忠（1089～1151）、岳飞（1103～1142）、辛弃疾（1140～1207）和陈亮（1143～1194）；而就先父个人的研究而言，则是自陈亮（龙川）开始而延展至辛弃疾（稼轩），又至韩世忠、岳飞和王安石的。

　　自青年时代起，先父即对历史上一些建立了大功业、具有高亮奇伟志节的英雄人物有着无限憧憬之情；受罗曼罗兰《悲多芬传》等传记题材的文学作品影响，他发愿要把文史融合在一起，希望像司马迁写《史记》那样，以自己的文笔去书写中国历史上的英雄人物。

　　以宋代历史作为主要的研究方向，以撰著宋代杰出人物谱传作为治学生涯的重要内容，这一学术道路的选择，与先父求学期间所居处的人文环境、时代思潮、国家民族的现实境遇以及他从之受业的硕学大师密不可分。上个世纪 30 年代中期，先父在北京大学读书期间，正值民族危亡迫在眉睫，南宋的爱国志士例如"推倒一世之智勇，开拓万古之心胸"的陈亮，"以气节自负，以功业自许"的"一世之豪"辛弃疾，"尽忠报国"而战功卓著、襟怀雄伟的岳飞，相继引起了他的注意，震撼着他的心灵。在胡适先生的指导下，从《陈龙川传》出发，他终于走上了谱传史学的路子。而到90年代后期，已届九十高龄的先父，最终修订成就了《北宋政治改革家王安石》一书，完成了他笔下最后的一部人物传记。

追求至真、至善、至美的境界，是先父至高无上的学术理想。在他一生中，许多著作都经过反复的修订、增补乃至彻底改写，仅就四传二谱而言，《辛稼轩年谱》改写过一次，《岳飞传》改写过两次，《王安石》修订和改写了三次。按照他的计划，原准备在有生之年把四部宋人传记全部改写一遍，惜因疾病而未竟其志。

先父辞世前，曾经吟诵辛弃疾祭奠朱熹的文字："所不朽者，垂万世名；孰谓公死，凛凛犹生。"这段沉郁而又慷慨的话语，正是先父倾尽毕生之力抒写刻画的宋代历史人物共同形象的概括，也体现着他心之所思、情之所系的不懈追求。

由衷感谢高校古籍整理委员会当年对于先父修订宋代人物传记工作的宝贵支持，感谢生活·读书·新知三联书店在先父百年诞辰之际的鼎力襄助，使四传二谱今天得以整体呈现在读者面前。

邓小南
丙戌岁杪于北京大学朗润园